Mamá, ¡quiero ser *youtuber*!

Cristina Bonaga y Héctor Turiel

Mamá, ¡quiero ser *youtuber*!

Todas las claves para entender el fenómeno que ha venido para quedarse

temas 'de hoy.

Obra editada en colaboración con Editorial Planeta – España

Diseño de portada: Departamento de Arte y Diseño, Área Editorial Grupo Planeta
Ilustración de portada: © Albert Monteys
Fotografías de los autores: © Xavi Galindo (Cristina)
/ cortesía del autor (Héctor)

© 2016, Cristina Bonaga
© 2016, Héctor Turiel
© 2016, Editorial Planeta, S.A. – Madrid, España
Ediciones Temas de Hoy, sello editorial de Editorial Planeta, S.A.

Derechos reservados

© 2016, Editorial Planeta Mexicana, S.A. de C.V.
Bajo el sello editorial TEMAS DE HOY M.R.
Avenida Presidente Masarik núm. 111, Piso 2
Colonia Polanco V Sección
Deleg. Miguel Hidalgo
C.P. 11560, México, D.F.
www.planetadelibros.com.mx

Primera edición impresa en España: mayo de 2016
ISBN: 978-84-9998-552-7

Primera edición impresa en México: junio de 2016
ISBN: 978-607-07-3484-7

No se permite la reproducción total o parcial de este libro ni su incorporación a un sistema informático, ni su transmisión en cualquier forma o por cualquier medio, sea éste electrónico, mecánico, por fotocopia, por grabación u otros métodos, sin el permiso previo y por escrito de los titulares del *copyright*.
La infracción de los derechos mencionados puede ser constitutiva de delito contra la propiedad intelectual (Arts. 229 y siguientes de la Ley Federal de Derechos de Autor y Arts. 424 y siguientes del Código Penal).

Impreso en los talleres de Encuadernación Domínguez
Progreso núm. 10, colonia Centro Ixtapaluca, Estado de México
C.P. 56530, México
Impreso en México – *Printed in Mexico*

Este libro está dedicado a todas las personas que me han apoyado ciegamente durante esta fascinante aventura digital. Como se suele decir, ellas saben quiénes son. A mi familia, por estar ahí aunque no entiendan nada de lo que pasa; a mis amigos, por ser mi segunda familia, y, cómo no, a Héctor, por hacer posible este proyecto y ser mi oráculo.

Cristina Bonaga

A toda mi familia, que tanto me tiene que aguantar, y en especial a mis padres, donde quiera que estén.

Héctor Turiel

ÍNDICE

PRÓLOGO DE ELRUBIUS..................................... 11

PREFACIO: «¿Y ESTA GENTE QUÉ NOS VA A CONTAR?» 15

I. EL FUTURO YA ESTÁ AQUÍ 23
    Introducción. La era digital 25
    1. Las nuevas formas de comunicación.................... 31
    2. La que se avecina (en el mundo real, no en la *tele*)   43
    3. Los claroscuros de la revolución digital................ 69

II. EL ADVENIMIENTO DE YOUTUBE Y LOS YOUTUBERS 93
    Introducción. ¿Qué es eso de los *millennials* y quiénes son?.. 95
    4. Por qué el *streaming* (y YouTube) han venido para quedarse 99
    5. Y al séptimo día Google compró YouTube............ 109

6. Los *youtubers* y el porqué de su éxito.................... 119
7. Pero... ¿y esto da dinero? 153
8. Los contenidos de YouTube y el fenómeno de los videojuegos... 183

EPÍLOGO. QUÉ HACER SI NUESTRO HIJO QUIERE SER *YOUTUBER* 199

ANEXO. LA JERGA DE YOUTUBE (todo lo que necesita saber para comunicarse con un *millennial*) 209

PRÓLOGO

Muy buenas. Mi nombre es Rubén Doblas Gundersen, aunque la mayoría de todos vosotros me conoceréis como elrubius. Lo primero y más importante que os tengo que decir es que este libro no va sobre mí. No, en absoluto, de ninguna manera. Este libro va mucho más allá: va de todo lo que está sucediendo mientras estamos inmersos en medio de la revolución digital en ciernes y de lo que nos va a deparar en el futuro la era digital. Va de qué es YouTube y de todas las cosas que se mueven detrás de vuestras pantallas. Va de cómo somos los *youtubers* y de cómo es nuestro lenguaje. Va de todo eso y no sobre mí, así que si alguien compra este libro que nadie se llame a engaño, que yo ya he avisado.

Héctor, «el padrino», es de sobra conocido por todos vosotros. Y desde que teniendo yo cinco años me arregló mi coche de Batman es una especie de Han Solo para mí. Como buen «padre postizo» (es así como le llamaba de pequeño) siempre ha estado detrás de mí en la distancia, tocándome los cataplines cada dos por tres (unas veces con razón y otras sin ella), pero siempre velando por mi mejor interés más allá de todos los aciertos y errores que haya podido cometer para conmigo. Desde que estalló todo esto de YouTube siempre ha estado a mi lado, sirviéndome de filtro frente a todos aquellos que se le acercan a uno en plan «Nene, yo te haré rico: tú solo has de subir vídeos» cuando de repente y como caído del cielo uno se convierte en famoso. Él se ha ocupado de prácticamente todos los papeleos y demás historias de *business* que la popularidad conlleva. Y la verdad es que he tenido mucha suerte con él, pues además de ser una de las personas más inteligentes que conozco (el tío sabe de todo y tiene no sé cuántos libros en casa), encima ha resultado que incluso es bastante buen tipo, una cualidad que acaba siendo la más importante que puede poseer cualquier persona con la que haya que tratar a lo largo de la vida.

Cristina y yo tenemos prácticamente la misma edad (nos llevamos cuatro meses) y por tanto somos de esa generación que se ha dado en llamar «nativos digitales». Es la persona que me ha acompañado durante los últimos dos años, navegando a través de todo ese inmenso océano que es YouTube y que se encuentra más allá de la pantalla del YouTube Analytics. Me ha organizado giras que me han permitido conocer Latinoamérica; me ha protegido de todo tipo de usos y abusos de los listos de siempre, esos que se le acercan a uno con cara de no haber roto nunca un plato; y en especial es una de las personas que mejor me han comprendido y que más me han respetado dentro de este mundo. Su conocimiento del universo digital es inmenso, pero no solo del que la mayor parte de nosotros vemos desde el exterior, sino también de las entrañas del mismo. Como una más entre esos miles de jóvenes con un inmenso talento —a los cuales este país no brinda más que posibilidades *low cost* (o ni siquiera eso)—, hace unos años emigró a Alemania y allí se introdujo en este mundillo. Ahora acaba de regresar a España de manera triunfal (a buen seguro que se va a sonrojar cuando lea esto) y en este libro va a compartir gran parte de los intríngulis de este mundo, de los que solo unos pocos están enterados y que nunca antes han sido puestos por escrito.

En fin, pues eso, que tanto a Héctor como a Cristina les considero mi particular «elrubius team», un equipo que, en la sombra y oculto a la pantalla, me ha ayudado en gran medida a estar donde estoy dentro de este excitante e intrincado mundo que es YouTube.

elrubius

PREFACIO
«¿Y ESTA GENTE QUÉ NOS VA A CONTAR?»

Hasta la fecha una buena parte de las estrellas tradicionales del *Star System* (ya fuese el patrio o el internacional) han sido en gran manera esculpidas, moldeadas e incluso elegidas a medida para la fama. Hablamos obviamente de cantantes, actores y actrices, presentadores de televisión, personajes del papel cuché, etc... Pero ahora todo eso ha empezado a cambiar a una velocidad de vértigo con la llegada de Internet, que permite compartir información y contenido de cualquier índole y desde cualquier lugar del planeta en el que haya una conexión de datos mínimamente decente.

Vivimos conectados, en la era de los *smartphones* y demás dispositivos móviles cuyas pantallas van haciéndose cada vez más grandes para facilitar su accesibilidad y visibilidad y no tener que esperar a llegar a casa para ver el contenido desde el ordenador, como sucedía hasta hace muy poco tiempo. Esto permite un consumo más amplio y perfilado a todos los gustos. Esta nueva manera de consumir contenidos bajo elección del usuario se conoce como «vídeo bajo demanda» (VoD por sus siglas en inglés: *Video on Demand*).

Internet ha conseguido revolucionar la era de la comunicación y ha cambiado los hábitos de vida y trabajo. En enero de 2016 César Alierta, presidente de la multinacional española Telefónica, afirmó en un foro empresarial sobre digitalización que «el 65 por ciento de los estudiantes de secundaria trabajarán dentro de diez años en empleos que a día de hoy no existen ni se conocen [...] No somos conscientes del cambio que se va a producir». Ya nadie es capaz de concebir una vida sin Internet. Pero entonces ¿qué hacíamos antes de que Internet llegara a nuestras vidas? ¿Dónde quedaron los tiempos en los que parabas a la gente a preguntar por la calle cómo se va a tal sitio, cuando en la actualidad todo es tan fácil como sacar el móvil y abrir cualquier aplicación geolocalizadora? (Sí, nos estamos refiriendo a Google Maps, pero no es cuestión de hacer publicidad gratuita). ¿Alguien se acuerda? ¿Sí? Pues que levante el dedo y nos lo recuerde porque en el fondo todo es cuestión de hábitos.

Es obvio que si Internet desapareciese como por arte de magia *sí* que seríamos capaces de vivir sin él. La cuestión estriba en que no solo no va a desaparecer de golpe y porrazo, sino que en realidad nos hemos acostumbrado tan rápido a la red y a todas sus ventajas (e inconvenientes) que aunque quisiésemos nos costaría mucho prescindir de él... más allá de algún que otro ermitaño, que siempre han existido en todas las culturas. Otra cosa es el tipo de uso que le demos. Nosotros lo más que llegamos a recordar son los tiempos (en aquellas lejanas fechas de 2001 —modo ironía *on*—) en los que para conectarte con tu ordenador a Internet tenías que renunciar a tu conexión telefónica fija —y viceversa— y te pasabas todo el rato poniéndole una vela al santo de turno para que nadie llamase al teléfono fijo mientras estabas conectado. Aquello era una permanente guerra de taifas entre hijos y padres que normalmente acababa con la madre gritando por el pasillo a su progenie que apagase de una vez «el cacharro ese»; o con el sufrido padre bufando por las esquinas clamando acerca de si sus vástagos se creían que vivían en un hotel (afortunadamente los tiempos de las «zapatillas voladoras» ya habían acabado a principios de este siglo). Nadie se imaginaba lo que vendría después.

Durante los últimos años el volumen de tráfico en Internet ha crecido de manera exponencial[1] y mejor será que nos vayamos acostumbrando a la idea de que este ritmo no va a aminorar en un futuro cercano, tal y como explicaremos a lo largo de estas líneas.

A modo ilustrativo, veamos algunas cifras de lo que ocurre *online* cada 60 segundos de nuestras vidas (el tiempo que usted ha tardado en leer esta página):

---

[1] Cifras y datos de 2012-2014 en https://clt.vtc.edu.hk/what-happens-online-in-60-seconds/.

¿Qué pasa en la red en 60 segundos?

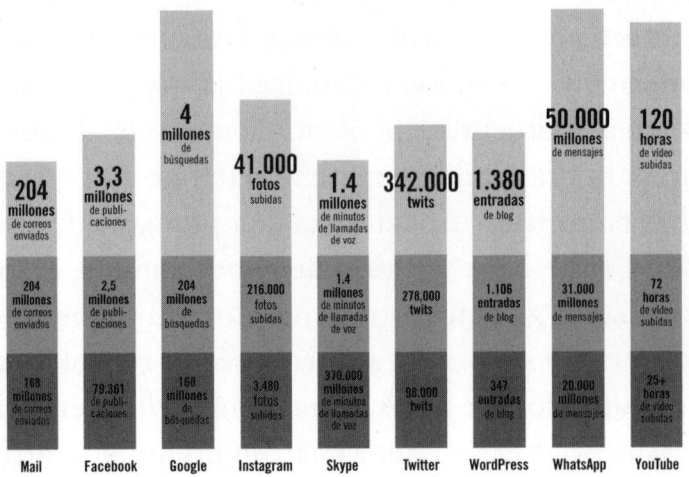

¿Qué pasa en un minuto de Internet?

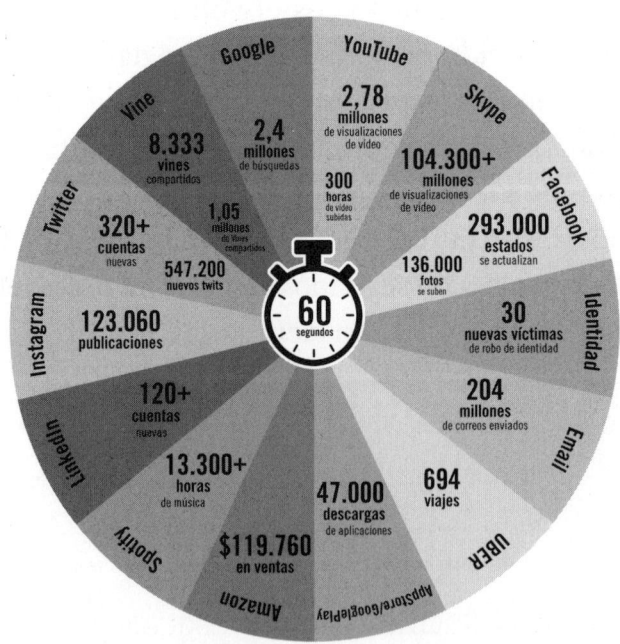

¿Aturdido, no es cierto? Bueno, según vayamos avanzando en materia iremos detallando las diferentes redes que existen y la importancia de cada una de ellas, especialmente de YouTube, que al fin y al cabo es de lo que se supone que va este libro. Otra cuestión que abordaremos es la de que la aparición de Internet ha desencadenado a su vez el nacimiento de una nueva generación, los denominados «nativos digitales» o *millennials*. Analizaremos cómo, hoy, los *millennials* ya no ven apenas la televisión. Sus horas de exposición a la parrilla televisiva clásica decrecen de manera acelerada mientras su consumo de vídeo *online* aumenta de manera exponencial.

El quid de la cuestión es que todo esto no ha sucedido por casualidad. En realidad ha venido desencadenado por diversos motivos. Por una parte el vertiginoso descenso de la calidad de los programas en prácticamente todas las televisiones a nivel mundial. En sincronía con lo anterior, lo cierto es que la televisión se ha convertido en una tecnología obsoleta, al menos para los *millennials*. La televisión te obliga a ver lo que los programadores quieren a la hora que quieren. ¿Recuerda cuando ese programa que le gustaba tanto y que se emitía en *prime time* no conseguía la audiencia esperada? Lo cancelaban y/o lo movían al *late night*, franja que por supuesto es difícil de asumir como espectador si hay que ir a clase o al trabajo al día siguiente. *Last but not least*, estaría el cambio en las reglas del juego.

En Internet la audiencia es soberana y elige deliberadamente lo que quiere ver. Y la Generación Y (o Z) ha encontrado en las plataformas digitales una nueva forma de entretenimiento que le permite consumir lo que quiere, cuando quiere y donde quiere (y no solo ellos, como analizaremos más adelante).

Resumiendo, que es gerundio: este libro está estructurado en dos partes complementarias entre sí. En la primera hemos intentado dar un contexto no solo del mundo actual, sino también del que se nos viene encima para los próximos años, dentro del cual el fenómeno YouTube es uno de sus estandartes más significativos. Si los lectores están solo interesados en saber qué demonios es eso de YouTube y por qué toda la juventud está enganchada a él, bien pueden saltarse esta parte. Ahora bien, si lo que desean es comprender un poco mejor cómo es el mundo digital en el que se están criando sus hijos y cómo va a evolucionar en las próximas décadas, cuando los chavales sean mayores, sugerimos que igual hasta merece la pena echar un vistazo a esa parte, pues en realidad el éxito de YouTube como plataforma y de los *youtubers* como referentes e ídolos de una nueva generación es solo una parte de los profundos cambios socioculturales que está produciendo el advenimiento de la era digital.

La segunda parte está dedicada a analizar desde todas sus diferentes vertientes el fenómeno de YouTube, empezando por el principio y con letra clarita. Vamos a explicar, para quien aún no lo sepa, qué es YouTube, qué es ser *youtuber*, cuándo comenzó la cosa y, en fin, todo lo que hace falta saber sobre el tema. Vamos a guiarle para que se empape de la filosofía *millennial* y de todo lo que está ocurriendo *online*. Algo importante, sobre todo, para mamá y papá, que parece que no se están enterando.

Para concluir este prefacio no podíamos evitar hablar justamente de lo que no vamos a hablar. Si alguien está esperando encontrar alguna dosis de moralina en este libro, mejor que deje de leer en este mismo momento. No vamos a hablar de lo que está bien o está mal ni sobre si nos gustaría que las cosas fuesen así o *asá*. No vamos a juzgar al mundo de hoy y al que está por venir en un futuro no tan lejano. Este es un libro eminentemente práctico en el que vamos a contar las cosas tal y como son, no como nos gustaría que fuesen. Y es una elección premeditada. Pensamos que lo mejor que se puede hacer por uno mismo (y por extensión por aquellos con los cuales se ha adquirido la responsabilidad de la crianza) es aceptar lo que hay y analizar la realidad de la manera más objetiva posible para así asumirla tal cual es. Solo de esta manera, aceptando e integrando el hecho de que el pasado no va a volver y de que el futuro no se puede parar, creemos que será posible que cada cual tome las decisiones vitales que considere más convenientes para su existencia y la de los suyos.

Dicho todo esto, y si alguien ha sido capaz de llegar a esta altura, simplemente le animamos a que siga leyendo este libro en la esperanza de que, como mínimo, le saque algo de provecho y consiga pasar un buen rato con su lectura... ;)

I. EL FUTURO YA ESTÁ AQUÍ

INTRODUCCIÓN
LA ERA DIGITAL

> «Yo vi, sí, vi a la gente joven andar.
> Ah, sí, yo vi, con tal aire de seguridad
> que yo, sí, yo, en un momento comprendí
> que el futuro ya está aquí».
>
> Radio Futura, *Enamorado de la moda juvenil*
> (*Música Moderna*), 1980

Los orígenes de Internet se remontan cincuenta años atrás, a la década de los sesenta del siglo pasado. Surgió a partir del programa ARPAnet (Advanced Research Projects Agency Network, «Red de la Agencia de Proyectos de Investigación Avanzada»), patrocinado por el Departamento de Defensa de los Estados Unidos, y su finalidad era disponer de un medio de comunicación casi instantáneo entre instituciones académicas y estatales.

Como nos gustan tanto las fechas y los datos concretos, podemos decir que lo que sería el nacimiento oficial de

Internet se produjo el 21 de noviembre de 1969, día en el que se consiguió establecer el primer enlace de datos entre dos ordenadores, instalados, respectivamente, en las universidades de California-Los Ángeles (UCLA) y Stanford, por medio de una línea telefónica conmutada. Desde entonces siempre ha estado ahí, aunque la gran mayoría de nosotros no nos diésemos cuenta hasta la década de los años noventa del siglo pasado. En concreto fue en 1990 cuando se creó la World Wide Web (cuyo acrónimo es el famoso «www») y comenzó su andadura como medio de transmisión de datos y comunicación accesible al público. Es justo a mediados de esa década, en 1995, cuando despega la revolución digital y empiezan a surgir los primeros emporios digitales en torno al *e-commerce* (comercio *online*), tales como Amazon o eBay, cuya popularidad y fortaleza no han hecho más que crecer desde entonces hasta ahora.

Hoy en día usamos nuestro superteléfono móvil con superpantalla enorme de cuatro pulgadas para ser los más guays del lugar haciendo que nuestros seres más queridos sepan en cualquier momento dónde estamos o qué narices estamos haciendo. Sin embargo, hace apenas veinte años los teléfonos móviles, y sobre todo Internet, eran artículos de lujo disponibles solo para unos pocos privilegiados. Nuestros hijos jugaban en el parque y sabían que a una hora determinada tenían que retornar a casa para comer o cenar. Nosotros quedábamos para ir al cine o montábamos eventos sociales a partir de una llamada telefónica. No sabíamos nada de nuestras amistades, cercanas o lejanas, que no fuese lo que ellas nos contasen cuando las veíamos... o lo que nos cotillearan otros (esto no ha cambiado mucho, la verdad).

En la actualidad es cuestión de segundos conocer la localización de nuestros seres queridos. Las circunstancias han cambiado tanto que el simple hecho de que una persona no nos conteste a un *whatsapp* (también conocido como «guasa», «wasap» o «guatsap») lo asociamos con un acontecimiento terrible. «¿Qué le habrá pasado a mi niña? No me contesta el *whatsapp* desde hace horas». Se nos hace difícil plantearnos el hecho de que esa persona pueda estar ocupada tratando con el mundo real. Y siempre tendemos a pensar lo peor, sobre todo si eres padre o madre:

—Hijo, me tenías preocupada, no me has dado los buenos días.

—Perdona, madre, estaba trabajando.

Internet nos ha acostumbrado a lo instantáneo, necesitamos conocer y saber todo aquí y ahora. El *whatsapp* ha sustituido en muchos casos a nuestro querido *email*:

—Oye, Fulanito, tengo esta acción para el lunes. ¿Te interesa?

—Sí, cuenta conmigo.

Así es como se cierra un negocio en la actualidad. Nos hemos vuelto impacientes hasta para esperar una contestación a un *email*. Necesitamos esa rapidez que sabemos que nos pueden proporcionar las nuevas herramientas. ¿Por qué esperar? Whatsapp revolucionó la comunicación instantánea, aniquiló a SMS y MMS (espera... ¿Alguien llegó a utilizar estos? Eran *carísisimos*), trajo a nuestras vidas los divertidos emojis y, lo más importante, nos salvó (junto con el diccionario predictivo) de esa forma tan atroz de escribir que usábamos para ahorrarnos caracteres y los quince céntimos de euro que debíamos pagar para escribir de acuerdo al lenguaje de la RAE: «kdamos hoy wapa» (¿Quedamos hoy, guapa?). No se puede negar que hemos salido ganando todos con el cambio. ¡Viva la tecnología! Sigamos.

¿Quién de nosotros en la actualidad revela fotos? ¿Hay alguien ahí? Vale, nos lo imaginábamos. Sí que es cierto que aún existen nostálgicos que usan cámaras analógicas. De hecho la popularidad de las Lomography y de las cámaras instantáneas ha aumentado en los últimos años, como la venta de discos de vinilo. Debe de ser que nos estamos haciendo mayores y la nostalgia invade nuestros corazoncitos. La cinta de casete hirió al vinilo, el CD los mató a los dos, el mp3 hizo lo mismo con el CD y ahora le toca al *streaming* con la venta tradicional de soportes de música. Sin embargo, somos tan puretillas que, cuanto más avanzamos en lo que a tecnología se refiere, más añoramos esa época donde parece que todo fue mejor. ¿Será algún espejismo? El vinilo vuelve a renacer de sus cenizas cual ave Fénix mientras la compra de música en España no para de caer. ¿Melomanía? ¿Coleccionismo? ¿Anhelo? Quién sabe. Quizá dentro de unos años se vuelvan a poner de moda los «zapatófonos» de la década de 1980 o nos dé por volver a grabar cintas de casete remix para la persona que nos tiene enamorados.

Pasa igual en casi todos los terrenos. La máquina fotográfica del *smartphone* ha matado al álbum familiar. ¿Quién no recuerda esos momentos cuando se juntaba en casa toda la familia para ver álbumes de fotos antiguas?

Podíamos ver toda nuestra vida hojeando aquellos ladrillos sujetos con anillas. También nos hemos olvidado de muchas rutinas como esta porque ahora lo suyo es usar un cable HDMI para conectar el ordenador o la propia cámara a la tele (si es que aún no son de última generación y se pueden conectar *wireless* entre sí vía WIFI) y contemplar las imágenes cómodamente sentados mirando a la pantalla. Por no decir que el número de disparos para hacer fotos se ha multiplicado por la enésima potencia. Ahora podemos repetir las fotos todas las veces que queramos si salen mal, etc, etc, etc.

Ya se habla de la «cuarta revolución industrial», la de la robótica, y se especula con que miles de puestos de trabajo se habrán quedado obsoletos en la próxima década en los países más industrializados del mundo. La propia Unión Europea afirma que en primera instancia los trabajos manuales y los más repetitivos serán los que más sufrirán la llegada de la robótica. Posteriormente la inteligencia artificial convertirá en obsoletas muchas profesiones cualificadas del sector servicios. Para los nuevos empleos que se creen será necesario personal con altos conocimientos informáticos, habilidades comunicativas y versatilidad.

En fin, que como dice el refrán, el tiempo vuela. Y cada vez se acelera más, añadiríamos nosotros. La velocidad de las transformaciones tecnológicas no hace más que aumentar y, con ella, las transformaciones culturales y socioeconómicas de todo tipo. Como comentaremos en estas líneas, nada indica que esto se vaya a ralentizar, sino más bien todo lo contrario. Veámoslo.

CAPÍTULO 1
LAS NUEVAS FORMAS DE COMUNICACIÓN

El mundo y la tecnología han cambiado mucho durante los últimos cincuenta años. La aparición de inventos revolucionarios como la transmisión digital de datos e Internet, los ordenadores personales, los teléfonos móviles, los GPS, las consolas de videojuegos, los reproductores musicales en mp3, etc., han reinventado y renovado las formas en las que nos comunicamos y empleamos nuestro tiempo libre. Con la aparición de la primera generación de teléfonos portátiles a principios de la década de 1970 (sí, esos que tenían forma de ladrillo y que en la práctica solo se podían instalar en los coches) y otros cachivaches (¿se acuerdan de los faxes?) empezamos a disponer de un acceso cada vez más fácil a la comunicación entre personas. Y no solo a nivel laboral, sino también con la familia y amigos. A comienzos del siglo XXI empezó a generalizarse el uso de Internet en el domicilio familiar y surgieron las primeras redes sociales *online* y con ellas los primeros *influencers* de la era digital.

Un momento... ¿*Influencer*? ¿Qué es eso? Como su propia traducción al castellano indica, un *influencer* es una persona influyente, pero con la característica añadida de serlo en la era digital, de haber surgido desde el mayor de los anonimatos, sin ningún tipo de apoyo de los medios de comunicación tradicionales. Son personas que gracias a su carisma y a sus capacidades de comunicación y de conectar con el público han alcanzado una fama *online* que les ha hecho amasar una legión de seguidores en la red. Puede que a más de uno esto le suene algo exótico. Podría parecer un término pasajero que se ha puesto de moda y que, igual que ha aparecido, un día cualquiera dejará de usarse. La verdad es que nada indica que esto vaya a suceder, sino más bien todo lo contrario. En Estados Unidos hace ya tiempo que se ha generalizado el uso de las denominadas «estrategias de influencia digital». Sin ir más lejos, la propia Casa Blanca dispone de cuentas propias tanto en YouTube como en Vine. El año 2015 fue el segundo en el que, de manera consecutiva, tres personalidades de YouTube entrevistaron a Barack Obama, presidente de los Estados Unidos, mediante una transmisión en *livestream* por YouTube, cómo no. Por su parte, la primera dama, Michelle Obama, ha realizado campañas de comunicación con *influencers*, *youtubers* y *viners* —en su mayor parte— para fomentar el esfuerzo entre los jóvenes estudiantes estadounidenses. Es un claro ejemplo de capacidad de adaptación y de actitud proactiva, de mente abierta hacia las nuevas posibilidades de comunicación que brindan las tecnologías de la era digital. Y no solo eso: es el momento de aplicar estrategias inteligentes y eficientes enfocadas directamente al *target* al que se quiere transmitir nuestro mensaje colaborando con los *influencers* de este nuevo estrato social.

Las primeras redes sociales que los vieron nacer fueron Myspace y Fotolog, ambas creadas en 2003 y en la actualidad derrocadas y casi olvidadas en beneficio de otras plataformas más recientes que han sabido adaptarse a los gustos y necesidades de los antiguos usuarios y de los nuevos (y muy jóvenes) que se han sumado al fenómeno a lo largo de la última década. Si hay algo cierto en Internet y en las redes sociales es que el éxito suele ser muy efímero para la mayor parte de los dichosos que lo han alcanzado. En Internet y en las redes sociales la máxima de renovarse o morir adquiere mayor relevancia que nunca.

Quizá muchos no sepan que uno de los cofundadores de Myspace fue el archiconocido cantante Justin Timberlake. En principio su objetivo era convertirse en una red social en la que artistas de todo tipo pudieran promocionar, comercializar y distribuir su música de manera sencilla. En su momento llegó a tener 30 millones de usuarios registrados y su época de oro tuvo lugar en 2006, cuando servía como plataforma para descubrir jóvenes talentos musicales. Hay varios ejemplos de artistas de éxito mundial y una carrera más que consolidada que se dieron a conocer en dicha red. Por sorprendente que parezca, Adele fue descubierta por la discográfica XL Recordings (*The Prodigy, Radiohead...*) en 2006 gracias a que un amigo suyo subió una demo a la plataforma. Casi lo mismo se puede aplicar a la banda de indie-rock *Arctic Monkeys*, que consiguió un contrato de grabación con Domino Records gracias a la cantidad de fans que disfrutaban con su música *online*. En 2005 *The Guardian* escribió un artículo en el que les atribuía ser pioneros del cambio de la industria musical.

Dejando a un lado Myspace y la música, vamos a retroceder un poquito más atrás para seguir hablando de las primeras redes *online* en las que se podían compartir fotos (sí, sí, ya existían antes de Instagram, oiga). La popularización de este tipo de redes ha supuesto una completa revolución en la forma de interactuar y de comunicarnos los unos con los otros a lo largo del planeta. Sí, efectivamente, estamos hablando de las autofotos (selfis) en el espejo, que nos sirven para dar rienda suelta a nuestra vanidad. Sentimos decepcionar, pero los selfis existían incluso antes de la llegada de los *smartphones* con cámara frontal. En el año 2002 Fotolog fue la plataforma pionera en compartir fotos. Te permitía subir una imagen al día acompañada de un pequeño texto. Esta foto se podía compartir con el resto de usuarios y muchos lo consideran el Instagram de la época. Fotolog marcó y revolucionó a toda una generación de incipientes *millennials*. Nadie te conocía allí por tu nombre real, sino por el de usuario de Fotolog. Muchos *fotologgers* llegaron a crear grandes comunidades de usuarios y consiguieron mover esa masa a otras plataformas o redes. Fotolog trajo al mundo las primeras *it girls*, cuya traducción literal sería «chicas con algo». Las *it girls* se hacían populares porque tenían un encanto especial delante de la cámara, no por ser «hijas de» o similares.

El año 2008 fue el de mayor esplendor de Fotolog y a partir de ahí comenzó su decadencia hasta prácticamente caer en el olvido. Muchas estrellas del Fotolog fueron migrando a Blogspot, plataforma que servía de bitácora a muchas de estas personas. Allí se dedicaban a enseñar sus *outfits* y su manera de ver el mundo. El fenómeno *blogger* comenzó a crecer cada vez más a finales de la primera década del presente siglo, especialmente en el mundo de la moda. Su influencia era tan grande que pasaron a ocupar las primeras filas en los desfiles de las marcas más prestigiosas, generando mucha controversia y críticas en el sector. ¿Les suena mucho esta historia?

En todo caso, el nacimiento de Fotolog incentivó el uso de cámaras compactas entre los jóvenes de la época. Todo tenía que quedar documentado. Nunca sabías lo que iba a pasar, pero por si acaso tenías que llevar la cámara todo el día a cuestas para poder presumir al día siguiente. En enero de 2016 Fotolog fue cerrado, de manera definitiva y sin previo aviso, dejando huérfanos a sus últimos seguidores. Hoy en día alguno de aquellos *fotologgers*, *bloggers* o *influencers* pioneros son algunas de las personas con más relevancia en el mundo digital, tanto dentro de las fronteras de nuestro país como fuera. Unos cuantos incluso han conseguido afianzar una carrera en el mundo de la televisión convencional, llegando a mostrar su torso desnudo mientras sonaban las campanadas de Nochevieja.

Sin embargo, las historias más famosas en cuanto al nacimiento, auge y dominio de una red social —excepción hecha de YouTube— son las de Facebook y Twitter.

Allá por 2004 nacía Facebook y dos años más tarde Twitter. Cada una tenía, y tiene, una usabilidad propia, pero son ampliamente compatibles entre sí. Las dos se caracterizan por su gran capacidad de interacción y comunicación con cualquier persona a lo largo y ancho del planeta Tierra. Facebook permite compartir fotos y textos con amigos, si bien para tener acceso a lo que uno publica es necesario aprobar una solicitud de amistad previa. Existe un control sobre lo que compartes y con quién lo compartes. La evolución de esta plataforma ha sido espectacular, en especial en los últimos años, de tal forma que en el mundo occidental pocas son las personas comprendidas en la franja de edad de los dieciocho a los cuarenta y nueve años (la preferida de los anunciantes) que no tengan una cuenta (otra cosa es que la mantengan activa o no o el caso que le hagan). Al principio únicamente contaba con perfiles personales, hasta que desarrolló las «páginas de fans», en las que los personajes públicos podían ser seguidos sin tener que usar un perfil «de amigo». Imaginemos el lío que supondría para cualquier celebridad tener en su cuenta millones de amigos... por mucho que cante al respecto Roberto Carlos.

En Twitter ocurre lo mismo: puedes seleccionar si tu cuenta es pública o privada bajo petición de seguimiento en dicha red. El encanto de Twitter es que no te permite escribir más de 140 caracteres, por lo que la capacidad de síntesis es clave a la hora de usar esta plataforma. Como es obvio, con la llegada de Twitter nacieron los hoy en día archifamosos «tuiteros», que se pueden considerar una variante o evolución del *influencer* tradicional. Démonos cuenta de que estamos hablando de apenas diez años atrás y ya utilizamos el término «tradicional». Los tuiteros, en líneas generales, prefieren ganar seguidores con su retórica en vez de con su imagen.

En este contexto nacieron también las cuentas *fake* o cuentas *troll* de algunos personajes muy conocidos que desataban la risa de muchos usuarios, los cuales preferían seguir estas cuentas a las de la auténtica *celebrity*. Todo ello por no hablar —por falta de espacio y porque esta plataforma no es el objeto de este libro— de cómo Twitter se ha convertido en un lugar de debate en el que reinan la ironía y el sarcasmo, cuando no el cachondeo.

En otras palabras, tanto Facebook como Twitter son ya unos «clásicos» de Internet, dada su longevidad. También son considerados casos de éxito, aunque en lo que se refiere a Twitter quizá habría que matizar este comentario, pues hablando en términos estrictamente económicos esta plataforma ha sido incapaz hasta hace unos escasos meses de monetizar y conseguir sacar un rendimiento material.

Una vez concluido este breve relato sobre alguna de las principales redes que han marcado un antes y un después en la era digital, y tras mostrar cómo Internet se ha convertido en nuestro siglo en una incubadora de talento, en una plataforma capaz de traspasar el *online*, le toca ahora el turno a las redes más a la última, las más novedosas y que mayor crecimiento están experimentando en la actualidad. Todas ellas tienen una característica en común: aunque nacieron al final de la primera década del siglo XXI, han despegado con toda su fuerza en la segunda. Atentos Facebook y Twitter, que igual en breve acabáis convertidos en abueletes.

En 2010 aparecieron con fuerza tres de las nuevas redes que hoy en día están más en boga y que continúan creciendo de manera exponencial. Por si aún no se lo habían imaginado vamos a hablar de Instagram, Snapchat y Vine. Pero no, no vamos a hablar de Google +, pues ni consideramos que sea una red social ni ha tenido el menor éxito, a decir verdad.

Instagram comenzó con un formato muy simple pero efectivo, apelando a la nostalgia de las fotos analógicas del pasado. Reconocerán que no deja de tener su ironía el hecho de que una de las aplicaciones más potentes en el mundo digital tuviera un origen como este. Su finalidad primaria era que el usuario compartiera fotos en formato cuadrado (no rectangular) y que las embelleciese con filtros de inspiración retro y *vintage*. A lo largo de los años, y en gran parte debido al éxito experimentado, Instagram ha acabado permitiendo subir fotos de cualquier tamaño e incluso también vídeos. Ante su crecimiento imparable, y haciendo buena la máxima de «si no puedes vencer a tu enemigo, únete a él» (aunque en este caso sería más apropiado decir «engúllelo»), Facebook decidió adquirir esta plataforma en 2012 por un importe aproximado de 1.000 millones de dólares. En 2014 Instagram superó a Twitter en número de usuarios (más de 300 millones) y en la actualidad es una de las redes mejor valoradas por los usuarios y por las marcas, que encuentran en ella una manera muy eficiente y práctica de aunar sus objetivos.

En nuestros días hay personas que se han convertido en *influencers* por el mero hecho de haber subido a su perfil de Instagram fotos que se han hecho populares. Y gracias a ello ganan un sueldo con regularidad sin ningún tipo de problema. Eso sí, al principio solo en Estados Unidos, si bien ahora empieza a haber *instagramers* muy potentes en otros países, incluida España. Recordemos que Instagram no ofrece ningún tipo de remuneración a sus usuarios, por lo que todos los ingresos provienen de las colaboraciones comerciales.

Ahora apunten otro nombre: Snapchat. Empezaremos por un dato curioso: en sus orígenes era una red que servía sobre todo para mandar imágenes picantes por Internet. Se podían enviar programándolas durante unos pocos segundos y después quedaban eliminadas. En la actualidad esta red está experimentando un tremendo auge. Y eso que es cualquier cosa excepto *user friendly*. No, no estamos bromeando. Lo decimos totalmente en serio: no es nada sencillo aprender a utilizar Snapchat y a más de uno casi le ha costado un ojo de la cara (en sentido metafórico, claro).

Snapchat es una manera rápida de compartir vídeos y fotografías de lo que estés haciendo en un instante determinado. El conjunto de vídeos y fotos que subes a tu perfil de Snapchat es lo que se conoce como «historia». ¿Qué es lo que más engancha de Snapchat? Que los archivos únicamente están disponibles durante veinticuatro horas. Después, se borran automáticamente. El encanto está en que se trata de una manera simple de compartir lo que haces en tu día a día sin demasiado postureo, ya que ese archivo no va a permanecer visible más que un día. Al mismo tiempo te permite estar conectado. A la generación *millennial* le gusta lo efímero, el ahora y la interacción con las personas de su alrededor. Pero ya analizaremos un poco más en detalle la Generación Y algo más adelante, seamos pacientes.

Snapchat es en la actualidad la reina de las redes sociales entre los más jóvenes. Los cuales, por cierto, cada día utilizan menos Facebook (cuando las barbas de tu vecino veas pelar...). De hecho, Facebook intentó volver a utilizar la estrategia de unirse al enemigo y en 2013 realizó una oferta por Snapchat de 3.000 millones de dólares. Sin embargo, los dueños de la plataforma rechazaron esta propuesta, de manera similar a como hicieron con otra de Google apenas un año más tarde. ¡Bien hecho, Snapchat!

Otra red nueva es Vine. Y es una plataforma muy particular, pues únicamente permite formatos de entretenimiento y comedia audiovisuales de una duración máxima de 6 segundos que se repiten constantemente en forma de *loop* o bucle. Sí, sí, como lo oyen. Fue creada en 2012 y comprada ese mismo año por Twitter («Si no puedes con...». Esta estrategia ya cansa, ¿no?). Desde su aparición Twitter tuvo una gran empatía por Vine dada la elevada potencialidad de sinergias, pues ambas plataformas se basaban en una estrategia y filosofía de síntesis, de «cuanto más breve, mejor».

No todo el mundo vale para Vine. Dado su formato —recuerden, apenas seis segundos—, para lograr un mínimo de atención el usuario que quiera subir un vídeo ha de ser muy creativo y conciso. Nada de rellenos. Como ya hemos dicho, estos vídeos se reproducen en forma de bucle, lo cual facilita entender la broma o gracia que se quiere hacer (a base de repeticiones). Y también tiene un efecto hipnótico. Esto último es cosecha propia: no existe ningún estudio al respecto, que nosotros sepamos, pero si no nos creen métanse en Vine, escojan cualquier vídeo y no paren su reproducción hasta un minuto más tarde. Ánimo, seguro que pueden.

Vine es una plataforma que no paga directamente, pero que al igual que Instagram y sus *instagramers* ha visto surgir lo que se denomina como *viners*. La mayoría de los ingresos de estos *viners* provienen de acuerdos comerciales *branded content* (contenido con marca) que se insertan directamente en los vines. En España los *viners* empezaron a alcanzar cierta popularidad en 2014, sobre todo cuando distribuyeron su contenido en el resto de plataformas y crearon piezas específicas para YouTube. Por el contrario, dentro del contexto anglosajón, y en especial en los Estados Unidos, los *viners* de difusión exclusiva en esta plataforma han conseguido un impacto social mayor que los propios *youtubers*. En el caso del mundo de habla hispana sorprende que no haya pasado algo parecido, aunque puede que todo esté por llegar. Algunos de estos *viners*, como Jorge Cremades, por ejemplo, han visto fuertemente incrementada su audiencia desde que decidieron subir versiones largas de sus vines en Facebook. Curioso cuanto menos. Cabe destacar que en este ecosistema de vídeo que ha creado Facebook, ninguna persona necesita buscarte, ya que tú, como creador, apareces de manera automática en el *feed*.

Naturalmente, existen infinidad de redes sociales que no mencionamos aquí, tanto por una cuestión de espacio como porque consideramos que aún no han tenido relevancia suficiente para incluirlas en el mismo grupo que las anteriores. Esperemos que ningún fanático de Tumblr, cuna de los *gifs*, se nos ofenda por ello. Y por motivos obvios en este epígrafe no hemos hecho alusión a YouTube, puesto que esta plataforma es el corazón de nuestro libro y vamos a llenar páginas y páginas explicándoles este fenómeno. De hecho, a buen seguro a alguno que otro le resultará una gran parrafada. Así que no se preocupen, que no les hemos timado con este libro. Todo a su debido momento, ¿de acuerdo? Ahora, si les parece bien, nos tomaremos un pequeño descanso para digerir toda esta información y prepararnos para la que se avecina. Les vamos a hablar a continuación de lo que nos depara el futuro. Y más bien de forma inminente, no se crean que estamos hablando de décadas por delante.

CAPÍTULO 2

LA QUE SE AVECINA (EN EL MUNDO REAL, NO EN LA *TELE*)

Redes 5G, WIFI y fibra óptica

Esto... ¿Cómo? Vamos a ver, ¿apenas se están implantando las redes de cuarta generación (4G) en España y ya nos avisan de que se nos vienen encima las 5G? Pues sí, en esas estamos. Por si aún no se habían dado cuenta, todo lo relacionado con la era digital avanza a una velocidad de vértigo. Entonces, ¿quién o quiénes deciden cuándo toca mudar de una tecnología a otra? ¿Cuándo nos toca cambiar de dispositivo móvil o comprar una nueva televisión 4k (pues la HD ya se ha quedado obsoleta)? Precisamente de eso vamos a hablar a continuación.

The Institute of Electrical and Electronics Engineers (IEEE) es una asociación sin ánimo de lucro que cuenta con la participación activa de unas 425.000 personas, entre miembros y voluntarios, en 160 países. De hecho, es la mayor asociación sin ánimo de lucro del mundo y su misión es establecer estándares técnicos de uso común a nivel internacional así como promover el desarrollo de nuevas tecnologías dentro del ámbito de la electrónica. Tiene su sede en Nueva York (en Park Avenue nada menos) y su creación data de 1963, aunque sus orígenes más remotos se remontan a 1884.

En realidad habría que definirla como «La Asociación» por antonomasia. Se encarga de determinar innumerables estándares de la era digital en todo el mundo. Por ejemplo, todas esas palabrejas y acrónimos extraños que nos encontramos en dispositivos móviles, ordenadores, *routers*, televisores y demás: LAN, WAN, WAP, WIFI, ADSL, IEEE802.11, ETHERNET, FTP, LTE, TCP/IP, IDE, ISDN, PCMCIA, POP3, URL... ¿Hace falta que sigamos? Todos ellos han sido creados por esta asociación o al menos ha normalizado su uso.

Por otro lado tenemos la Next Generation Mobile Networks Alliance (NGMN), una asociación de industrias de telecomunicaciones fundada en 2006 con sede en Frankfurt (Alemania). Su objetivo es proveer de recomendaciones y especificaciones técnicas a organismos internacionales de estandarización con la finalidad de garantizar el futuro lanzamiento comercial de nuevas redes de banda ancha. Para unos es un *lobby* y para otros un *think-tank*. Todo es discutible, pero de lo que no hay duda es de que se trata de un «hacedor de mercado».

En enero de 2014 la IEEE publicó su estándar 802.11ac, más conocido como «WIFI 5G» o «WIFI Gigabit», que opera en una banda de frecuencia de 5GHz y que puede alcanzar velocidades de transmisión de cerca de 1 Gb por segundo (GBps), multiplicando así casi

10 veces la capacidad de los *routers* y antenas actuales. Esta tecnología ya está disponible a nivel comercial y cabe esperar una implantación generalizada de la misma a lo largo del año 2016. Y no les vamos a hablar del LIFI (Light Fidelity en contraposición a Wireless Fidelity), que sería el equivalente óptico al WIFI, porque este libro no es un tratado técnico de telecomunicación y porque en realidad es una tecnología que está en mantillas y a la cual le queda mucho recorrido para llegar a su implantación comercial.

En cuanto a las redes móviles 5G, en marzo de 2015 la NGMN publicó un libro blanco al respecto destacando entre sus principales conclusiones que la velocidad a alcanzar por dichas redes habrá de ser también de 1 Gbps y que deberían estar disponibles a más tardar para 2020. A lo largo de 2014 y 2015 muy importantes compañías de telecomunicaciones y redes móviles como Nokia y Ericsson han sido capaces de alcanzar velocidades de transmisión de entre 5 y 10 Gbps con prototipos de red en experimentos de laboratorio. En países tan innovadores tecnológicamente como Corea del Sur ya se han anunciado presupuestos de inversión pública por importe de unos 1.000 millones de euros para el establecimiento de redes de telecomunicaciones 5G.

¿Y qué pasa con la fibra óptica? ¿Ya no nos vale o qué? Pues con la fibra óptica pasa tres cuartos de lo mismo. Desde la aparición de las primeras redes comerciales de fibra óptica orientadas al público a principios de la década de 1990 la velocidad de transmisión estándar se ha multiplicado casi por 1.000, rondando en la actualidad los

20 TB (1 TB equivale a 1.024 GB, que equivalen a 1.048.576 MB). Si se lían un poco, vean el gráfico.

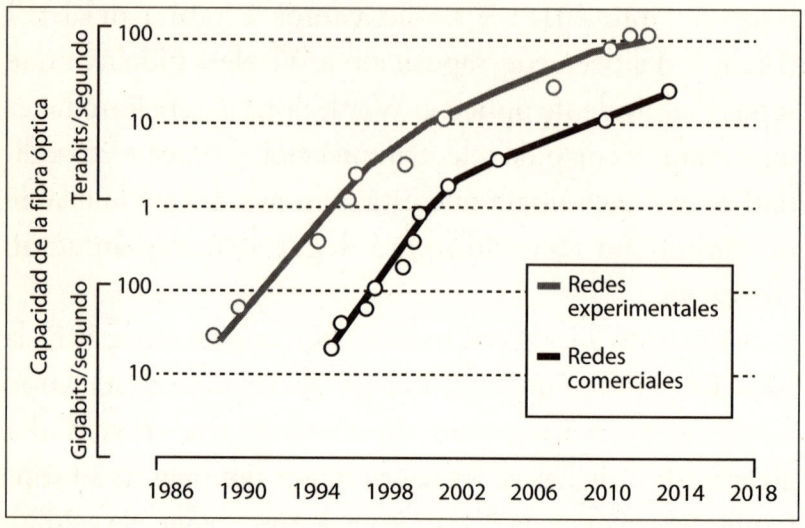

Fuente: E. S. T. I. *Industrial de la Universidad de Málaga*

A este respecto, y antes de proseguir, conviene aclarar que una cosa es la capacidad de la infraestructura de cable de fibra óptica que transcurre por debajo de las aceras de nuestras ciudades y otra es la oferta comercial de velocidad de transmisión que las operadoras de telecomunicaciones ponen a disposición de los usuarios. Por ejemplo, la máxima velocidad de transmisión que se oferta a día de hoy en España alcanza los 300 MB teóricos. Un único tendido convencional de fibra óptica podría dar servicio hasta a unos 69.905 hogares en el hipotético caso de que todos los dispositivos de un barrio cualquiera, conectados a ese tendido, necesitasen la máxima capacidad en un mismo momento. Esto es la teoría, pues luego, en la realidad, hay que considerar otros factores como mermas, pérdidas de intensidad, dispersión de la señal, etc.

En estos momentos nos encontramos frente a una gran disyuntiva en cuanto a dos factores cruciales para el futuro desarrollo de las redes de fibra óptica. Por un lado, acometer las inversiones necesarias para ampliar la capacidad de dichas infraestructuras; por otro, el desarrollo y madurez de una tecnología que permita ampliar la velocidad de transmisión existente. En relación al primer punto, el de las inversiones necesarias, es una de las grandes disputas a nivel mundial entre los operadores de telecomunicaciones que crean las infraestructuras de transmisión de datos y los gigantes de Internet (Google, Apple, Netflix, etc.) que ofrecen los servicios más demandados en la red. Los primeros reclaman no solo un mayor retorno de sus inversiones, sino también, y esto es fundamental, que el mismo esté indexado de alguna manera al consumo de datos. Para ello le reclaman a los segundos una participación en los ingresos que generan, para no tener que repercutírselos al usuario doméstico. ¿Quién ganará esta batalla? Pues es difícil saberlo, pero sí podemos apostar por que a buen seguro el desarrollo de estas infraestructuras no se parará: en la era digital es uno de los factores clave para el desarrollo económico de cualquier sociedad.

En cuanto a la segunda cuestión, la de aumentar la capacidad de la actual infraestructura de fibra óptica, es importante recalcar que nos encontramos cerca del límite de capacidad de la tecnología disponible, aunque ya se está comenzando a encontrar soluciones. En este sentido, en 2015 un grupo de investigadores de la Universidad de California consiguió descifrar información que había recorrido 12.000 kilómetros a través de cables de fibra óptica sin necesidad de utilizar amplificadores optoelectrónicos (aparatos imprescindibles hoy en día, puesto que los cables de fibra óptica sufren pérdidas relevantes a grandes distancias). Se superan de este modo algunas de las más importante barreras y limitaciones tradicionales respecto a la distancia a la que estas señales podían ser enviadas de forma útil. Hay que tener en cuenta que, en la actualidad, las técnicas para corregir los problemas de pérdida de señal, dispersión, errores, etc., vienen a suponer aproximadamente el 80 por ciento del coste de una infraestructura genérica de fibra óptica. La implantación de esta relativamente sencilla solución técnica supondría aumentar de golpe entre dos y cuatro veces la capacidad de la infraestructura de redes disponible ahora mismo.

De nuevo, por tanto, la cuestión a la que nos enfrentamos no es si se conseguirá aumentar esa capacidad, sino cuándo, ya sea con la técnica anteriormente mencionada o con otra a punto de aparecer. Si algo nos ha demostrado la historia de la ciencia y de su aplicación práctica (la tecnología) es que la capacidad de investigadores e ingenieros se agudiza cuando nos acercamos a los límites de lo posible. Más aún cuando hay mucho dinero de por medio, tal y como Gordon Earl Moore, cofundador de Intel, predijo en 1975 al afirmar que la complejidad de los circuitos integrados se duplicaría cada dos años con una reducción de coste considerable en cada evolución. Conocida esta afirmación como «ley de Moore», su predicción ha hecho posible la proliferación de la tecnología en todo el mundo y se ha convertido en el motor de un rápido cambio tecnológico.

Los materiales «milagrosos» que nos traerá la nanotecnología

Ahora hagamos un alto en el camino y sincerémonos con nosotros mismos por un momento. ¿Alguien se puede imaginar cómo sería la humanidad sin el papel, el plástico, la pólvora o el cemento? ¿No? Pues bien, por si aún queda alguien que no haya reparado en ello, todos estos materiales son creaciones humanas, ninguno de ellos se encuentra en la madre naturaleza. El descubrimiento de ciertas tecnologías incluso ha dado nombre a alguna era de la humanidad, como el bronce, que dejó atrás la Edad de Piedra. En la actualidad miles de científicos en todo el mundo están investigando nuevos materiales con propiedades nunca vistas. Podrían dar paso a una serie de innovaciones y aplicaciones tecnológicas no solo sorprendentes, sino también inimaginables hoy en día. Algunos de esos materiales ya existen en realidad, y si no se hace un uso a gran nivel de los mismos es únicamente por una cuestión de economías de escala, de coste económico. Sin embargo, es más que probable que su uso en el ámbito industrial esté más cercano de lo que nos creemos. Aquí nos vamos a referir a dos de esos nuevos materiales a modo de ejemplo.

Al grafeno se le ha dado en llamar el «material del futuro» o «del siglo XXI» y está llamado a revolucionar como mínimo la industria de la electrónica en los años venideros. Sus descubridores fueron Andre Geim y Konstantin Novoselov, quienes recibieron en 2010 el premio Nobel de Física por su hallazgo. Novoselov se convirtió, en ese momento, en el galardonado más joven, con solo treinta y seis años. Como este no es libro científico, intentaremos ser didácticos y por ello simplemente describiremos el grafeno como una película de un átomo de grosor compuesta por átomos de carbono entrelazados en una panel hexagonal (como si fuese un panel de abejas) conformando una red atómica perfecta (¡ahí queda eso!). Bromas aparte, lo que en realidad nos interesa resaltar son sus propiedades y posibles aplicaciones, las que han hecho que se le considere el material que va a revolucionar la electrónica del siglo XXI.

El grafeno presenta muchísimas cualidades superlativas. Es el mejor conductor de la electricidad a temperatura ambiente y también el material más duro jamás probado (por encima incluso del diamante). A la vez es extremadamente ligero: una lámina de un metro cuadrado pesa tan solo ¡0,77 miligramos! Y si lo anterior no fuese suficiente, también hemos de mencionar que es un excelente conductor del calor. Es transparente y flexible.

En pruebas de laboratorio los transistores y circuitos de grafeno, colocados sobre superficies rígidas con técnicas de fabricación de chips convencionales, han roto varios récords de velocidad dentro de la electrónica. Igualmente los transistores de grafeno no solo son rápidos, sino muy resistentes, de tal forma que los dispositivos siguen funcionando incluso después de sumergirse en agua. Además son lo suficientemente flexibles como para poder plegarlos. Es más, el grafeno también parece presentar importantes ventajas en lo relacionado con la transmisión de datos a través de la luz y ya se está trabajando en la creación de baterías de silicio-grafeno que triplicarían la densidad de las baterías de litio actuales y reducirían sustancialmente los tiempos de carga de las mismas.

Pero hay más. No se ha terminado de investigar sobre el grafeno y ya se empieza a hablar de otros materiales, producto de la nanotecnología, que le superarían en ventajas y propiedades. Por citar tan solo algunos ejemplos, tendríamos el denominado carbino, sobre el que se especula que podría llegar a ser dos veces más fuerte y resistente que el propio grafeno, o la nanocelulosa cristalina («grafeno ecológico»), que ha demostrado ser más resistente que el aluminio y más fuerte que el kevlar, con una relación entre peso y resistencia ocho veces más eficiente que la del acero inoxidable. Se ha llegado incluso a postular la creación de chips biodegradables a partir de este material en el futuro.

El planeta Tierra en el año 2045

He aquí la cuestión: ¿cómo será el mundo cuando nuestros hijos alcancen la madurez? Porque en realidad no se trata de que el futuro ya esté aquí, sino de que va a continuar llegando sin cesar, al igual que lo hacen las olas a la orilla del mar. Esto es así por varias razones. Por un lado, porque los nuevos hábitos de consumo y ocio van ser más y más *online* y, por otro, porque la evolución de la tecnología lo va a hacer factible. Ya hemos descrito algunas de las previsiones al respecto, y desde luego parece que nuestra manera de relacionarnos con el mundo físico («el Internet de las cosas») va a seguir transformándose hacia algo completamente desconocido. Vamos a ver algunos ejemplos, entre los muchos que podríamos presentar, de lo que les espera a los actuales adolescentes cuando se conviertan en adultos cuarentones. De hecho, la mayor parte de las tecnologías y aplicaciones prácticas de las que vamos a hablar ya han comenzado a ponerse en marcha y solo es cuestión de tiempo que alcancen su madurez tecnológica en un futuro no muy lejano. Y no, no es ciencia-ficción, que somos gente seria y de fiar.

En menos de diez años no solo será posible visualizar vídeos prácticamente en cualquier lugar con una calidad exquisita y sin ningún tipo de problema —como la pixelización o que se nos congele la pantalla—, sino que también será posible para cualquiera realizar una transmisión en tiempo real con independencia de su situación. Dará igual que nos encontremos en medio de una gran aglomeración de gente o en el desierto de Mohave. Las futuras redes 6G o 7G (¿alguien alberga alguna duda de que un día llegarán?) nos permitirán estar permanentemente conectados a Internet incluso en trenes de alta velocidad o en aviones con un ancho de banda inalcanzable todavía hoy.

Además el Internet de las cosas inundará no solo nuestros hogares y ciudades, sino también nuestros cuerpos. Usaremos prendas de vestir que incorporen sensores para medir nuestro ritmo cardiaco, el nivel de estrés o las calorías que llevamos consumidas o ingeridas. También nos dirán dónde nos encontramos y, además, podrán comunicar estas variables a otros sensores, los cuales a su vez computarán la información para encender o apagar la calefacción, el aire acondicionado o la iluminación según estemos en una estancia u otra de nuestro hogar. Podrán calcular a la perfección la temperatura deseada en nuestras duchas y bañeras o la del microondas en función de los componentes de un plato. Estos son solo unos pocos ejemplos. Hay que mencionar también que un sector de la población que se vería especialmente beneficiado por la aparición de las denominadas «casas inteligentes» sería el de los discapacitados con movilidad reducida, que verían mejorada su autonomía doméstica de manera exponencial.

Nuestras ciudades y sus cielos, vía drones, se llenarán de sensores que medirán en tiempo real desde la intensidad del tráfico hasta los niveles de contaminación atmosférica o sonora en un área precisa y nos permitirán tomar decisiones en tiempo real e informar a otros sensores de las alternativas óptimas. Por ejemplo, es muy probable que dentro de veinticinco años el 95 por ciento de los vehículos sean autónomos, esto es, que puedan ser guiados de forma manual o mediante un piloto automático, sin necesidad de conductor. Estos vehículos no solo interactuarán en tiempo real con otras máquinas o sensores para tomar decisiones adecuadas (rutas alternativas, velocidad idónea), sino que también lo harán con el resto de vehículos a su alrededor. Ya se han realizado pruebas al respecto en Alemania, consiguiéndose que dos vehículos se comuniquen en apenas dos centésimas de segundo. Cabe esperar una reducción masiva no solo de los accidentes de coche —al conseguir que todos los vehículos implicados evalúen, de manera casi instantánea, que existe riesgo de colisión y por tanto adopten medidas preventivas *in situ*—, sino también del robo de vehículos a la par que un aumento de la comodidad y una mayor accesibilidad a la movilidad por parte de la población en general.

Desde el 16 de diciembre de 2015 existe una legislación específica en California (la primera a nivel mundial) con respecto a los requisitos que han de cumplir los coches autónomos para permitir su circulación. Y es que ha sido en este estado donde tanto Google como Tesla (y en breve Ford) han rodado sus coches autónomos en modo de prueba. En enero de 2016, durante la celebración de la Feria Automovilística de Detroit (la mayor del mundo), Anthony Foxx, secretario de Transporte del Gobierno de los Estados Unidos, declaró el apoyo de la administración Obama al desarrollo del coche sin conductor mediante la creación de un fondo de 4.000 millones de dólares dedicado a la investigación de medidas de seguridad para que estos vehículos sean una realidad en las carreteras antes de 2030.

Brad Templeton, considerado el inventor del coche autónomo de Google, afirma que en un futuro no muy lejano ni los taxis ni los servicios de transporte, como

Uber, Lyft o Sidecar, dispondrán de conductores y pronostica una reducción drástica del número de vehículos, pues se pasará de un modelo de propiedad a otro de arrendamiento de los mismos en función de las necesidades de movilidad del momento. A buen seguro que algunas personas seguirán conduciendo automóviles, pero ya será una cuestión más de afición que otra cosa, tal y como ocurrió en su momento con los caballos cuando se extendió el uso del automóvil.

Después de casi una década de «Gran Recesión», las principales cadenas comerciales españolas consiguieron recuperar los niveles de venta que habían alcanzado en 2007. Por su parte, y en lo que se refiere al pequeño comercio, lo cierto es que el mismo sigue un 30 por ciento por debajo del nivel previo a la crisis y se ve duramente afectado por la creciente competencia y los cambios de hábitos de los consumidores. Sin embargo, hay un tipo de comercio que comenzó a florecer y a vivir su edad de oro justo en 2007 y no es otro que el comercio electrónico (*e-commerce*). Veamos algunas cifras.

Número de compradores «online»
En los últimos 12 meses

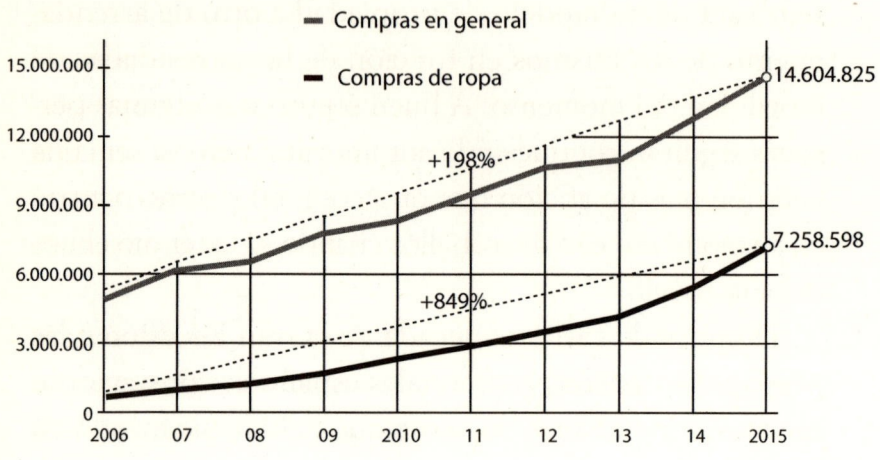

Compradores por sexos

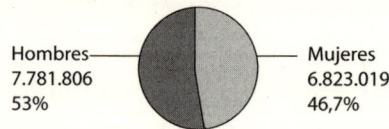

Hombres
7.781.806
53%

Mujeres
6.823.019
46,7%

Compradores por grupo de edad
En número

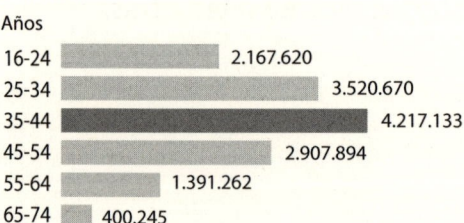

Fuente: Instituto Nacional de Estadística

Impresionante, ¿verdad? Y eso que las cifras españolas están aún claramente por debajo de las europeas. Según la Asociación Española de Economía Digital (Adigital) el 28 por ciento de los españoles realizó alguna compra digital de bienes y servicios a lo largo de 2015, un porcentaje claramente por debajo del 48 por ciento de la media europea o del 72 por ciento registrado en el Reino Unido, pese a que España tiene una de las tasas más altas de dispositivos móviles por habitante de todo el continente.

Hoy en día lo cierto es que ya se puede comprar *online* prácticamente cualquier cosa, y sectores tan importantes económicamente como el textil también están siendo invadidos por esta nueva forma de comercio gracias a la cada vez mayor estandarización de tallas y patrones (en especial en el segmento masculino). Y hace tiempo que las teóricas desventajas del comercio electrónico (problemas en la compra, privacidad en los pagos, devolución de productos, retrasos en las entregas, etc.) se están derrumbando, mientras que sus ventajas son cada día más valoradas por los consumidores. Veámoslas:

1. Facilidad de uso. Con dos o tres clics podemos adquirir un producto e incluso recibirlo a lo largo del mismo día si así lo deseamos. No, no es ciencia-ficción. Cualquier usuario habitual de Amazon puede corroborar esta afirmación. De hecho, las interfaces de *e-commerce* son cada día más fáciles e intuitivas de utilizar, ya sea mediante sus páginas web o a través de cualquiera de las aplicaciones disponibles para iOS o Android.

2. Amplitud de la oferta. Ya sea a través de tiendas *e-commerce* generalistas, como Amazon o la china Alibaba, o de comercios especializados en un determinado producto, la oferta que podemos encontrar es ingente. Si por ejemplo uno es aficionado al tenis y desea adquirir una nueva raqueta, puede encontrar tiendas especializadas con una variedad de marcas, modelos y productos relacionados con ese deporte imposible de replicar en una tienda física.

3. Contraste de opiniones y resolución de dudas. Una de las grandes cuestiones que acechan a cualquier consumidor a la hora de realizar una compra es saber si ese producto le va a resultar de veras útil y satisfactorio en el futuro. Si vamos a una tienda física ya será una suerte que nos atienda algún dependiente que entienda un mínimo del asunto. Ya, ya sabemos que no es en absoluto políticamente correcto decir esto, pero no nos negarán que es cada vez más cierto. A la hora de la verdad, y por más buena voluntad que pongan en el empeño (en especial si su cuota mínima de ventas flojea un poco ese mes), es bastante habitual que el dependiente no sea capaz de resolver nuestras dudas. Por eso una de las claves del éxito del *e-commerce* son los foros donde uno puede contrastar opiniones, positivas y negativas, sobre los productos con otros consumidores que lo han adquirido previamente y que comparten su experiencia *online*. En muchas ocasiones existe incluso la posibilidad de realizar preguntas directas a la tienda sobre cualquier duda que podamos tener antes de la compra.

4. Comodidad e instantaneidad. Podemos comprar en cualquier momento del día, nos encontremos donde nos encontremos. No es necesario realizar incómodos desplazamientos, deambular por largos pasillos con miles de productos —que en principio no tenemos intención de adquirir— hasta encontrar lo que estábamos buscando. No hay que balbucear ante varios dependientes intentando explicar lo que queremos adquirir ni tenemos que esperar largas colas para pagar nuestra compra. Y hay más: en muchas ocasiones necesitamos un determinado producto y ni siquiera sabemos a qué clase de tienda hemos de acudir. ¿Dónde se compra un compresor de aire portátil? ¿O un sujetamanteles? A veces simplemente no tenemos la certeza de si en la tienda a la que finalmente acudimos van a tener el modelo que buscamos. El comercio *online* resuelve esto con un clic.

5. Comparación y precio. *Last but not least,* no solo tenemos la posibilidad de comparar precios de un mismo producto entre diferentes tiendas electrónicas, sino que en la mayor parte de las ocasiones el precio a abonar será más barato que el de la tienda física. Esto se debe a que las tiendas electrónicas afrontan unas economías de escala más favorables y pueden obviar varios costes (desde alquileres o compra de locales hasta de mano de obra) que es muy difícil, por no decir imposible, pueda igualar una tienda física. Si no nos creen, prueben a comprar un día unas simples pilas en Amazon.

Otra de las claves de la creciente imbatibilidad del comercio electrónico es que no es necesario que una sola tienda reúna todas esas ventajas. Así, por ejemplo, podemos buscar todos los modelos posibles de un determinado producto en una, leer las opiniones sobre las alternativas que hayamos elegido en otra y terminar comprando el elegido en una tercera, que es la que mejor precio nos ofrece.

Una ventaja más: un comportamiento de compra como este nos puede llevar de veinte a treinta minutos en Internet. ¿Se imaginan por un momento la cantidad de horas que tendríamos que emplear si quisiéramos igualar esta pauta de manera física? ¿Y si quisiéramos hacer varias compras en el mismo día? Se mire por donde se mire, las ventajas superan de largo las posibles desventajas.

Por todo esto no es de extrañar que empresas como Amazon, compañía de referencia a nivel mundial en el *e-commerce*, se hayan revalorizado un 118 por ciento en el año 2015, convirtiendo a su fundador, Jeff Bezos (que tiene algunos antepasados lejanos de origen español), en la cuarta mayor fortuna planetaria con un patrimonio estimado en torno a los 56.000 millones de euros. Por encima incluso de fortunas clásicas como las de George Soros, Carlos Slim o nuevos millonarios digitales como Mark Zuckerberg, fundador de Facebook.

El del comercio electrónico es, sin duda, un caso arquetípico de los cambios imparables que nos ha traído la revolución digital. Dentro de veinticinco años es probable que solo queden unas pocas macrotiendas físicas, principalmente en grandes núcleos poblacionales, y en gran medida funcionarán a modo de expositores o muestrarios de los productos (aunque por supuesto se podrá seguir comprando en ellas). Más del 50 por ciento del intercambio de bienes y servicios entre empresas y consumidores se producirá a través de la red.

Otro sector con una revolución en ciernes para los próximos años es el del videojuego, una industria cuya facturación a nivel mundial supera la suma de la industria cinematográfica y editorial. Los dos paradigmas sobre los que va a evolucionar el videojuego son los conocidos como *experiential technology* (XTech) y más en concreto la realidad virtual y el denominado *neurogaming*. Después de varios intentos frustrados, en los próximos años nos espera un aluvión de artilugios listos para jugar en realidad virtual, como Oculus Rift (en la actualidad propiedad de Facebook), Project Morpheus, de Playstation Sony, HTC Vive o Samsung Gear VR, por citar tan solo algunos ejemplos.

Este desarrollo va a ser posible gracias a varios factores. Por una parte, las gafas de realidad virtual han reducido sustancialmente su peso y aumentado su densidad de píxeles y ahora permiten abarcar ángulos de visión de 360 grados girando tan solo la cabeza. Por otra, la tasa de refresco de las actuales pantallas (de hasta 120 *frames* por segundo en algunos casos) ha permitido eliminar la sensación de mareo y las molestas estelas de los antiguos prototipos, haciendo que la experiencia parezca más real que nunca.

El paradigma del *neurogaming* se encuentra aún en un estado bastante incipiente y por tanto se plantea a más largo plazo. No cabe esperar que antes de la década de 2030 tengamos a disposición de los consumidores productos comerciales de este tipo. Aunque hoy en día algún que otro de juego *neurogaming* ya se ha puesto en marcha[2].

Pero, ¿qué es el *neurogaming*? Se podría definir como el área donde se fusiona el entretenimiento de los videojuegos con la neurología, de tal forma que el jugador pueda interactuar sin necesidad de utilizar controladores externos físicos. Se utiliza para ello una tecnología en ciernes denominada BCI (*Brain Computer Interface*), la cual, mediante una serie de voltímetros de alta sensibilidad, es capaz de escanear las ondas cerebrales y aprender de los patrones eléctricos concretos de cada persona según las reacciones de su cerebro ante determinadas situaciones. Esto está abriendo todo un campo experimental de posibles aplicaciones, entre otras cosas, en los videojuegos. En paralelo, otras tecnologías se están centrando en ser capaces de medir e interpretar toda una serie de factores fisiológicos como la presión arterial, la electricidad estática de la piel, la frecuencia cardiaca, el movimiento de las pupilas o las expresiones faciales, entre varias más, con el mismo objetivo. Más allá del mero entretenimiento, muchos investigadores científicos tienen hondas esperanzas depositadas en las capacidades futuras del *neurogaming* como método de rehabilitación para pacientes que hayan sufrido lesiones

---

[2] Puede verse algo al respecto en este enlace: https://www.youtube.com/watch?v=avBjd9IetNU9.

o deterioros neuronales (por ejemplo, los afectados de alzhéimer).

¿Y después de 2045? El transhumanismo

Nos hemos guardado lo mejor para el final, pues ahora toca hablar de la famosísima película *Blade Runner*, que a buen seguro muchos aficionados al cine recordarán de inmediato. Bueno, no hablamos exactamente de la película en sí misma, pero sí de algo que se le parece mucho y que se ha dado en denominar «transhumanismo» (otros prefieren llamarlo «poshumanismo»). Es algo que hace tiempo abandonó el campo de la ciencia-ficción para comenzar a avanzar, con pasos cada vez mayores, hacia el mundo de la realidad contemporánea.

Lo primero, por tanto, será definir qué es el transhumanismo, pues nos imaginamos que muchos de ustedes estarán preguntándose en este momento de qué demonios se trata. Comencemos entonces aclarando que con el vocablo «transhumanismo» nos estamos refiriendo a una ideología o filosofía cuyo objeto de estudio se centra en las posibilidades vitales e intelectuales del ser humano en el futuro y en el análisis de cómo la humanidad ha de asumir la responsabilidad de dirigir su propia evolución y transformarse a mejor. Algunos llaman a este proceso «esculpir». En cualquier caso, se trata de aprovechar las posibilidades que la tecnología nos va a brindar, más allá de los límites innatos impuestos por nuestra propia biología y la madre naturaleza. Y ya está dicho. Qué a gusto nos hemos quedado.

Según Ray Kurzwil, uno de los más insignes transhumanistas, catalogado por algunos como «el sucesor y legítimo heredero de Thomas Edison», mencionado por la revista *Forbes* como «la máquina de pensar suprema», y director de I+D de Google desde 2012, la «singularidad» comenzará a aparecer en torno al 2045. El término singularidad fue utilizado por primera vez en el campo de la inteligencia artificial en 1958 por John von Neumann, uno de los padres de los ordenadores y considerado uno de los más importantes matemáticos de la era moderna. De modo muy resumido, y según Neumann, la singularidad tecnológica consistiría en la definitiva aparición de un equipo de cómputo, red informática o robot capaz de automejorarse recursivamente (rediseñarse a sí mismo de manera recurrente), o de diseñar y construir computadoras o robots mejores que él mismo.

Gracias a la convergencia que se está produciendo en las tecnologías emergentes agrupadas bajo el acrónico NBIC (*Nanotechnology, Biotechnology, Information Technology and Cognitive Science*), el nacimiento de la inteligencia artificial denominada «fuerte» (*Strong AI*) es una mera cuestión de tiempo, de apenas unas décadas, y cuando ello se produzca tendrá un carácter obviamente irreversible. En palabras de Neumann, si un ordenador fuese capaz de reescribir su propio *software* para ser aún más inteligente, se produciría una recursividad expansiva. Es decir, dicho ordenador sería capaz de acelerar su capacidad de manera exponencial, lo que provocaría, según denominó el propio Neumann, una «explosión de inteligencia».

Por tanto, el advenimiento de esta nueva era a nivel tecnológico supondrá una radical transformación de la humanidad no solo a nivel político o económico, sino también socio-cultural y cognitivo, cambios que a día de hoy el ser humano no es capaz siquiera de llegar a concebir, asumir o imaginar en todo su alcance. Según el transhumanismo, esta «fusión» (por denominarla de alguna manera) entre tecnología e inteligencia humana supondrá un cambio evolutivo sin parangón, de tal forma que ese tipo de inteligencia «no biológica» traerá consigo la aparición de los denominados «poshumanos» (previo paso por los «transhumanos»). Ante este suceso que va ocurrir nos guste o no, pues solo es una cuestión de tiempo (que ocurra en 2045 o en 2145 es lo de menos si nos paramos a pensarlo), el transhumanismo pretende difundir una ideología y una filosofía de *human enhancement* («fortalecimiento humano») que nos prepare y nos permita estar en la mejor disposición posible ante su inevitable advenimiento.

En otras palabras, puesto que la IA va a llegar sí o sí, ya que no se le pueden poner puertas al campo, la propuesta del transhumanismo es que hemos de integrar, y cuanto antes mejor, todas las posibilidades de mejoras artificiales en el ser humano (genéticas, biológicas, tecnológicas) que las NBIC nos van a brindar en un futuro cada vez más cercano. El objetivo es convertir a la humanidad en una especie más inteligente (superinteligencia), más longeva (superlongevidad) y más feliz (superbienestar). Puede que para muchos todo esto resulte una paja mental (disculpen por la expresión) de algunos chiflados sueltos por ahí, pues de todo ha de haber en la viña del señor, pero lo cierto es que si le echamos una mirada al pasado no nos sorprende encontrarnos con insignes autores clásicos que ya vislumbraban por dónde iban a ir los tiros algún día. Ya Publio Ovidio, en su obra *Las metamorfosis*, escrita hace casi dos mil años y considerada como una de las joyas de la literatura romana, escribía sobre «mutaciones humanas» en consonancia con lo que hoy en día sostienen los transhumanistas. Nicolás de Condorcet, al cual el propio Voltaire calificó de «filósofo universal» y padre del laicismo tradicional de la educación francesa republicana, afirmaba en plena Revolución Francesa que «la naturaleza no ha establecido un plazo para la perfección de las facultades humanas; la perfectibilidad del hombre es verdaderamente indefinida; y el progreso de esta perfectibilidad de ahora en adelante es independiente de cualquier poder que pudiera desear detenerla. No tiene otro límite que la duración del mundo en el que la naturaleza nos ha echado. Este progreso variará sin duda en la velocidad, pero nunca será invertido el tiempo en el que la Tierra ocupa su lugar actual en el sistema del universo». De nuevo, no se le pueden poner puertas al campo, ¿recuerdan?

No crean que todo esto de lo que hablamos son meras especulaciones. Algunas de las cosas que nos hacen repensar qué parte de razón pueden tener los transhumanistas en lo que afirman es que ya podrían estar desarrollándose los primeros atisbos de todo lo que vaticinan. Por ejemplo, la implantación de prótesis externas e internas que pueden mejorar nuestras capacidades fisiológicas innatas. O los chips que mediante inserción subcutánea nos permiten identificarnos o presentar nuestra geolocalización ante cualquier dispositivo adecuado. O la recodificación de nuestro ADN mediante técnicas de modificación genética para aumentar artificialmente nuestras funciones cerebrales (por ejemplo, la memoria) o alterar el código genético de los niños, incluso los que están por nacer, para evitarles futuras enfermedades.

CAPÍTULO 3
LOS CLAROSCUROS DE LA REVOLUCIÓN DIGITAL

Llegados a este punto, y si usted se siente algo más que abrumado por todo lo expuesto, espere, que hay más. Aunque tanta loa y tanta buenaventura respecto a la revolución digital le tengan un poquitín con la mosca detrás de la oreja, siga leyendo porque, tal y como ocurre en prácticamente cualquier aspecto de la existencia humana, esta nueva era también trae consigo una serie de incertidumbres y retos (e incluso peligros) que conviene que conozcamos y afrontemos de manera adecuada. Solo de este modo podremos prevenirlos y mitigarlos o, si acaso, surfear entre ellos. De todo ese «lado oscuro de la fuerza» que acompaña a la era digital es de lo que vamos a tratar en este capítulo.

Síndromes, fobias y otras adicciones del montón digital

Hay toda una serie de trastornos relacionados con el fenómeno de los ordenadores y demás dispositivos digitales. A continuación vamos a hablar brevemente de algunos de los más conocidos. Empezando por...

La «vibración fantasma» o *vibranxiety*. La primera vez que apareció este término fue en 2003 y suele ser definido como la sensación, normalmente táctil, de que el teléfono móvil está vibrando, aunque en realidad no sea así. Diferentes estudios han demostrado que esta vibración fantasma se produce incluso con el móvil apagado o en ausencia del mismo. Algunos expertos señalan que más que un síndrome la vibración fantasma sería una alucinación táctil, puesto que el cerebro percibe una sensación que en realidad no se está produciendo. Un dato curioso es que algunas investigaciones señalan que hasta el 70 por ciento de los usuarios afirman haber experimentado este fenómeno en al menos una ocasión. No nos hagamos ahora los suecos con la manida frase de que «a mí esto nunca me ha pasado».

La «amnesia digital», también llamada «efecto Google», se puede describir como la tendencia a no procesar la información con los mecanismos de memoria que posee nuestro cerebro, debido a la inmensa cantidad de datos disponible en Internet. Es decir, que percibimos que no hace falta memorizar las cosas. Si bien este fenómeno fue descrito inicialmente en 2011, el concepto «amnesia digital» fue utilizado por primera vez en 2015, en una investigación llevada a cabo por Karpesky Labs, según la cual en vez de memorizar ciertos detalles importantes de la vida cotidiana (como por ejemplo el número de móvil de nuestra pareja), el 91 por ciento de la gente usaba Internet para guardar ese tipo de datos. Y de este grupo, el 44 por ciento accedía a través de sus teléfonos móviles. Así que... mejor no hablar de cuántos nos sabemos de memoria el número de móvil de nuestra pareja, ¿no?

El *phubbing* (del verbo inglés «phub», pendiente de aceptación académica) es un concepto de novísimo cuño. Se podría definir como una forma de actuar desconsiderada o maleducada cuando en un encuentro social «físico» atendemos prioritariamente a nuestro móvil, ignorando a las personas presentes. Que levante la mano el que no haya padecido *phubbing* nunca. ¿Nadie levanta la mano? Eso no hay quien se lo crea. El término fue popularizado por la agencia de publicidad McCann en 2012, a raíz de una campaña en Australia para la editorial MacMillan Education, una vez consultados lexicógrafos, escritores y poetas para acuñar un neologismo que describiera este comportamiento.

También tenemos la «cibercondría» o «hipocondría» de Internet. Se trata de una actitud consistente en buscar de forma obsesivo-compulsiva respuestas médicas y resultados de investigaciones científicas en Internet. Siempre en relación a la existencia real, hipotética o sugestionada de determinados síntomas. Se utilizó por primera vez en 2001. En 2010 un estudio patrocinado por Microsoft concluyó que el 68,6 por ciento de las personas diagnosticadas de una enfermedad grave y el 33,4 por ciento de las de diagnóstico leve llevaban a cabo búsquedas intensivas de información en Internet relativas a sus trastornos. Mejor no decir nada sobre esto, ¿no?

La nomofobia (del ingles *nomophobia*, abreviatura de *no-mobile-phone phobia*, se define comúnmente como el miedo irracional a salir a la calle sin el teléfono móvil. Las personas que lo sufren experimentan una gran ansiedad cuando pierden u olvidan su móvil, se quedan sin batería o bien no tienen cobertura. El término se acuñó por primera vez en 2008 en el Reino Unido. En 2011 una investigación promovida por el Royal Mail (servicio postal británico) reveló que la sufría el 66 por ciento de la población (53 por ciento en 2008), con una especial incidencia en la franja de edad entre los dieciocho y los veinticinco años, sin que hubiese diferencias concluyentes por razón de sexo. ¿Quién apuesta a que esas cifras ya habrán superado el 80 por ciento en 2016?

FoMO es el acrónimo de *Fear of Missing Out*. La definición coloquial sería el «miedo a perderse algo», pero si nos ponemos más pulcros podríamos definirlo como «la ansiedad provocada por el hecho de que otros puedan estar compartiendo experiencias sociales *recompensantes* en ausencia de uno mismo». Es un trastorno caracterizado por el deseo de estar conectado constantemente a cualquier tipo de red social. ¿Cuántas veces a la hora consultan sus chats de whatsapp?

El ermitaño moderno o «hikikomori» (del japonés «apartarse, estar recluido») se refiere, más que a una patología concreta, a ese tipo de personas que se autoimponen un estado de aislamiento con respecto al mundo exterior, permaneciendo recluidos la mayor parte del tiempo en su domicilio. Fue utilizado por primera vez en 1998 por el psiquiatra japonés Tamaki Saito en su libro *Hikimori: adolescencia sin fin*. Si bien este fenómeno fue descrito a finales del siglo pasado, en los albores de Internet, lo cierto es que la expansión digital en las últimas dos décadas ha facilitado su prevalencia, aunque sea en muchas ocasiones en forma de versiones *light*.

También tenemos el trastorno de adicción a Internet o IAD (Internet Addiction Disorder), también conocido como ciberadicción (¡ahí es nada!). Si tenemos en cuenta la amplitud de fenómenos que engloba este término, es mejor ser someros y definirlo como la búsqueda patológica de recompensa y/o alivio asociado al uso intensivo de todo tipo de dispositivos *online*. De todos los términos aquí descritos probablemente este sea el más inclusivo y polémico, en el sentido de que la medicina académica se encuentra en pleno debate en cuanto a concederle el estatus de enfermedad psiquiátrica. De momento, en el último DSM (*Diagnostic and Statistical Manual of Mental Disorders*[3]), publicado el 18 de mayo de 2013, fue finalmente descartado, así que habrá que esperar hasta finales de la siguiente década a ver si aparece registrado como trastorno mental.

Por último tenemos la ludopatía *online*. Según informa el DSM V la ludopatía consiste en una conducta perjudicial y recurrente hacía los juegos de azar que afecta de manera negativa a la vida personal, familiar y psicológica. Está considerada como un trastorno adictivo, de tal manera que la persona afectada desarrolla una dependencia con

---

[3] El DSM lo publica la Asociación Estadounidense de Psiquiatría (American Psychiatric Association, APA) y comprende todas las descripciones, síntomas y otros criterios académicos para diagnosticar trastornos mentales desde una perspectiva psiquiátrica.

todas sus características: síndrome de abstinencia, tolerancia, etc., como ocurre con el resto de dependencias (alcoholismo, tabaquismo...). Algunos expertos consideran que la adicción a los videojuegos podría considerarse una variante de la ludopatía *online*, pero de momento no existe el suficiente consenso científico para llegar a una afirmación tajante en este sentido.

Llegados a este punto a buen seguro que más de uno se habrá quedado asustado pensando que todos hemos experimentado al menos alguno de estos síntomas y que por tanto estamos todos locos de atar (como decía mi abuela). Bueno, pues ni tanto ni tan calvo, porque en realidad más que una nueva sintomatología la mayor parte de lo descrito es un simple reflejo de padecimientos harto conocidos. Solo que ahora se manifiestan a través de las nuevas herramientas que ha puesto a nuestra disposición la era digital. Por ejemplo, a lo largo de noviembre de 2015 aparecieron diferentes noticias sobre la desconcertante historia de un español, médico y psicólogo, al que su familia había dado por muerto unos años antes, tras estar desaparecido durante casi dos décadas. Al ser encontrado por un guarda forestal en un bosque del parque natural de la Bandite di Scarlino, en la Toscana, parece ser que afirmó «Esta es mi casa» antes de volver a esfumarse como una especie de ermitaño. Otro ejemplo bastante obvio sería la ludopatía *online*, que no deja de ser una manifestación concreta de una enfermedad harto conocida; o la *vibranxiety*, cuyas bases neurológicas parece que tienen una fuerte relación con el síndrome del miembro fantasma (la percepción sensorial que experimentan algunas personas en relación a partes de su cuerpo que fueron amputadas).

¿El fin de la conversación?

También en el plano personal se están multiplicando las inquietudes por nuestra obsesión con los artilugios suministradores de datos. En varios estudios recientes los científicos han empezado a vincular algunas pérdidas de memoria y empatía con el uso de ordenadores y de Internet; asimismo, están encontrando nuevas pruebas que corroboran descubrimientos anteriores, según los cuales las distracciones del mundo digital pueden entorpecer nuestras percepciones y nuestros juicios. De acuerdo a lo que afirman algunos, parece que cuando lo trivial nos invade acabamos perdiendo el control de lo esencial en numerosas ocasiones.

En su nuevo y controvertido libro *Reclaiming Conversation* («Recuperar la conversación»), Sherry Turkle, catedrática del Instituto de Tecnología de Massachusetts (MIT), sostiene que una dependencia excesiva de las redes sociales y de los sistemas de mensajería electrónica puede empobrecer nuestras conversaciones e incluso nuestras relaciones, sustituyendo de esta manera la intimidad real por otra simulada. Ahora bien, en opinión de Turkle el problema no está en la tecnología en sí misma —tecnología que, por otra parte, ha venido para quedarse sí o sí—, sino que la cuestión estriba más bien en cómo la utilizamos y cómo está modificando nuestra empatía, uno de los rasgos emocionales más definitorios de los seres humanos. Por tanto la pregunta que hemos de plantearnos, en palabras de la propia autora, no sería otra que «¿por qué pasamos tanto tiempo mandando mensajes y aun así nos sentimos tan desconectados de los demás?».

En otras palabras, la era digital, junto con todo lo que la acompaña (redes sociales en particular), ha modificado el paradigma de las relaciones personales. La era digital nos facilita la comunicación con los que están lejos, pero al mismo tiempo nos permite escondernos los unos de los otros, pues «es más fácil componer y editar un mensaje digital» que «la conversación espontánea, donde podemos estar presentes y ser vulnerables». Por tanto no nos ha de extrañar que muchos de los testimonios que se recogen en su libro vayan en la dirección de admitir que cada vez hay un mayor número de personas (jóvenes y no tan jóvenes) que prefieren enviar un mensaje o escribir un post antes que mantener una conversación (¿incómoda?) con otra persona «donde no pueden controlar lo que van a decir». El porqué lo encontramos en las palabras de Turkle, cuando afirma que el atractivo de la comunicación digital consiste en su supuesta capacidad para:

1. ser siempre escuchados;

2. poder prestar atención al otro donde y cuando queramos;

3. impedir que estemos «solos».

En paralelo a lo anterior, la aparición de fenómenos o síndromes como el FoMO (el «miedo a perderse algo», ¿recuerdan?) acentúan nuestra dependencia y ansiedad con respecto a nuestra necesidad de estar permanentemente *online*. Por ello no es de extrañar la aparición de estudios cuyos (¿de verdad sorprendentes?) resultados señalan que los estadounidenses consultan de media su teléfono móvil cada seis minutos y medio, que al menos un 17 por ciento de las europeas ha utilizado su dispositivo móvil mientras mantenían relaciones sexuales o que un 60 por ciento de los estadounidenses entre los dieciocho y los treinta y cuatro años afirman que renunciarían a su trabajo si les prohibiesen utilizar su teléfono móvil durante las horas laborales.

No es de extrañar que en los últimos tiempos haya crecido considerablemente el número de personas que, de manera consciente y voluntaria, se autoexilian de las redes sociales. Uno de los casos arquetípicos ha sido el de la modelo australiana Essena O'Neill, que con tan solo diecinueve años llegó a acumular más de 700.000 seguidores y unas 2.000 fotografías en Instagram. «Estaba obsesionada con gustar a los demás», según sus propias palabras. El 27 de octubre de 2015 Essena borró en una primera instancia la mayor parte de sus fotos y al día siguiente cerró (¿definitivamente?) tanto su cuenta en Instagram como en YouTube, afirmando que «las redes sociales no son la vida».

Sin llegar a un caso tan extremo como el anterior, por lo dramático y mediático, lo cierto es que existe un número creciente de hombres y mujeres que van reduciendo su uso de las redes sociales o al menos lo intentan, bien sea por una sensación de superficialidad en las relaciones así establecidas, bien por la pérdida de intimidad que muchas de estas personas sienten que está teniendo lugar. Expresiones del tipo «Llevaba una vida irreal», «Era incapaz de recibir un mensaje y no contestar de inmediato, estuviese haciendo lo que estuviese haciendo», «Cuando quedaba con mis amigos no tenía nada de qué hablar», «Estaba obsesionado con subir la foto perfecta a Instagram» o «Me suponía un estrés constante estar pendiente de Facebook» son fácilmente reconocibles en los labios de aquellos que han decidido dar la espalda a las redes sociales.

En un reciente estudio de Interactive Advertising Bureau de España (IAB Spain, asociación que representa al sector de la publicidad en medios digitales en nuestro país) el 82 por ciento de la población con acceso a Internet entre los dieciocho y los cincuenta y cinco años está presente en las redes sociales. Y, sin embargo, un reciente estudio de la Universidad de Darmstadt (Alemania) concluyó que una de cada tres personas se siente peor y más insatisfecha con su vida tras visitar los perfiles de sus contactos en Facebook. Sirva como anécdota el hecho de que las fotos de las vacaciones y las interacciones y comentarios sobre las mismas son lo que más resentimiento genera. Ahora bien, este tipo de respuesta tiene una explicación «científica» proporcionada por la psicología.

En psicología se define un refuerzo positivo como cualquier tipo de estímulo o evento que favorezca la reiteración de una determinada conducta. Esto ocurre en función de que mediante dicha conducta se recibe un premio o algún tipo de gratificación (la «recompensa»), ya sea esta de tipo material o psicológica. Pues bien, según la misma, frente a los refuerzos positivos vis a vis de la interacción humana, los cuales varían dependiendo de con quién, cómo y en qué circunstancia se produzcan, los refuerzos positivos en las redes son cuantificables y fácilmente medibles. Por ello para muchos esto acaba suponiendo una fuente inagotable de estrés, en el sentido de que la presencia en las redes (activa o pasiva) termina convirtiéndose en uno de los principales (o el principal en los casos extremos) suministradores de autoestima. De esta forma la gestión *online* de la vida social, en tanto asumida como competición darwinista, acaba convirtiéndose en una responsabilidad y una obligación más entre las muchas que ya acarrea encima de sus hombros cualquier persona normal y corriente.

El Big Data y la sombra del Gran Hermano 2.0

He aquí otra expresión con la que más nos vale irnos familiarizando rápidamente, el Big Data, cuya traducción literal al castellano sería «datos masivos». El Big Data se podría definir como el conjunto de herramientas informáticas destinadas al almacenamiento, procesamiento, gestión y análisis de grandes volúmenes de datos de todo tipo, los cuales no pueden ser gestionados por las herramientas informáticas tradicionales. Y eso que desde mediados de la década de 1980 se calcula que la capacidad mundial de almacenamiento de datos se dobla cada tres años aproximadamente. Es decir, el volumen de datos masivos (ya sean estos estructurados o no) crece de manera exponencial, hasta el punto de que estamos cada vez más cerca de los límites físicos para su procesamiento. Estos datos se encuentran en todo tipo de ámbitos: procedentes de la actividad humana (navegación por Internet, redes sociales, *whatsapp*, *mails*, archivos multimedia subidos a la nube, etc.), de tecnologías que permiten compartir información entre dispositivos por medio de comunicaciones inalámbricas (el Internet de las cosas que ha revolucionado el campo de los sensores) o fruto de transacciones de datos entre ordenadores (lo que se ha dado en denominar M2M, *machine to machine* o de máquina a máquina), cuyo caso paradigmático son las transferencias bancarias. Algunos estudios han venido a corroborar que actualmente, en un día ordinario de la era digital, se genera tanta información como toda la que reunió la humanidad a lo largo de toda su historia hasta el final del siglo XX.

Por tanto, y como resulta obvio, muchas compañías e instituciones muestran un interés creciente por el Big Data con el objetivo de obtener información sumamente valiosa para sus negocios y actividades. Así, por ejemplo, cada vez que nos conectamos a la WIFI de una gran superficie estamos autorizando a esta para que utilice los datos de geolocalización de nuestros dispositivos móviles para obtener información y contabilizar cuánto tiempo pasamos en el interior de la tienda, qué rutas seguimos, dónde permanecemos más tiempo (ya sea escogiendo un producto o aguardando nuestro turno frente a la caja) o cuál es nuestra frecuencia de visita.

Uno de los casos más arquetípicos de la utilización de Big Data nos lo encontramos en el desarrollo del traductor *online* de Google descrito por Mayer-Schönenberger y Cukier en su libro *Big Data. La revolución de los datos masivos*. En el año 2006 Google comenzó a desarrollar su traductor de idiomas automático. Lo que hizo fue registrar y procesar una ingente cantidad de información rastreada en Internet, comparando documentos oficiales traducidos de un idioma a otro, así como páginas web personales, en vez de utilizar textos ya traducidos de manera fiable en dos idiomas. En castellano diríamos que lo que utilizó fue la fuerza bruta. Partiendo del contenido global en Internet, lo que Google pretendió, y en gran medida logró, fue usar la probabilidad para extraer correlaciones dentro de esa vasta y confusa base de datos. La sorprendente conclusión fue que ni la utilización de mejores algoritmos ni la aplicación de criterios selectivos de calidad lograban obtener tan buenos resultados como los alcanzados ampliando la muestra a prácticamente todo el campo de muestreo, lo que permitió comprobar empíricamente de esta manera que, cuando se trabaja con Big Data, los errores o inexactitudes de la muestra se diluyen en parte. Como afirman Mayer-Schönenberger y Cukier, más que aspirar a erradicar todo atisbo de inexactitud a un coste cada vez más elevado, lo que se pretendió fue calcular y replicar la confusión de la mente.

Por otra parte, en numerosas ocasiones la información captada por compañías privadas es tratada y analizada con el objetivo de aumentar sus ventas y ganancias. Es el caso de empresas como Amazon. Mientras navegamos por Internet nos presenta anuncios adaptados a nuestros gustos y necesidades tras un análisis de las búsquedas o compras que hemos realizado con anterioridad. Lo cual, por otro lado, le permite predecir futuras demandas de un producto o incluso incentivar el consumo a través de un recuerdo permanente de los productos por los que hemos mostrado interés o por los que podríamos llegar a tenerlo, comparando nuestros patrones de compra con los datos de compra real de otro usuario. De esta manera ha conseguido convertirse en líder mundial del *cross-selling* o ventas cruzadas (táctica de marketing consistente en ofrecer la compra de productos complementarios a los que se han adquirido o se ha mostrado interés en adquirir por parte de un cliente).

Otros ejemplos los podemos encontrar en el sector industrial, donde el Big Data proporciona una tecnología muy adecuada para optimizar los procesos de producción. Por ejemplo, sería el caso del uso de sensores que registran datos sobre el estado de los componentes de una máquina a fin de predecir sus necesidades de mantenimiento de una manera más efectiva, ahorrando tiempo y dinero. Si además esos datos provienen de todas las máquinas instaladas, el fabricante tiene la herramienta óptima para diseñar nuevas máquinas que perfeccionen y corrijan los errores de las anteriores.

El auge de la economía colaborativa (¿hacia el apocalipsis del capitalismo?)

La economía colaborativa o compartida (un nombre precioso, no me digan que no), también denominada «consumo colaborativo», es un término acuñado en 2007 y que ancla sus raíces en la propuesta de cambio del paradigma del capitalismo actual, basado en poseer un determinado bien o servicio. La idea es pasar a otro en el que se comparta el uso y disfrute (o usufructo) de los mismos. Para unos es poco más que una pose o una cuestión de moda, mientras que para otros es la siguiente etapa evolutiva del sistema capitalista una vez entregados a la era digital, pues sin ella sería inconcebible el desarrollo de este nuevo procedimiento.

Bajo el paradigma de la economía colaborativa dos personas (lo que se conoce como P2P, *peer-to-peer*, «de igual a igual»), una persona y una compañía (B2C, *business to consumer*, «de empresa a consumidor») o incluso dos compañías (B2B, *business to business*, «de empresa a empresa») interactúan entre sí a través de una plataforma digital (web site o app) normalmente suministrada por un tercero a modo de intermediario (ya hablaremos de esto) con el fin de satisfacer el consumo deseado por una de las partes.

Si, llegados a este punto, alguien se está preguntando de qué diablos estamos hablando, quizá lo mejor sea referirnos a algunos modelos actuales de economía colaborativa. Por ejemplo, en lo relacionado con la movilidad y el transporte, el más emblemático de todos a nivel mundial por el impacto mediático que ha alcanzado y las polémicas que ha generado. ¿Hay alguien a quien no le suene Uber o Blablacar? A los más avispados incluso les suenan Mytaxi, Cabify o Car2go (la última en aparecer en España y que, por cierto, funciona desde hace años de manera excelente en países como Alemania), por no citar al resto de *players* que ofrecen alternativas de movilidad en la península Ibérica. Pues bien, todos ellos son ejemplos de economía colaborativa. Sin embargo, son todas muy diferentes entre sí, más allá de que la mayoría cobren una comisión por intermediación. Uber pone en contacto a viajeros con personas que dispongan de un vehículo para su uso (atención al matiz), estableciendo unas tarifas en función de la distancia y el tiempo. Ofrece geolocalización y los pagos se realizan a través de su plataforma. Blablacar pone en contacto a viajeros y personas con un vehículo que van a realizar un viaje de media o larga distancia. El objetivo es compartir los gastos de viaje, siendo los dueños del vehículo quienes establecen cuál es la compensación que desean recibir, que se realiza a través de la plataforma de Blablacar. Mytaxi es una plataforma mediante la cual un viajero puede solicitar un taxi oficial. Ofrece geolocalización y también es medio de pago. Aunque las tarifas son en principio las oficiales establecidas para cada ayuntamiento, la plataforma ofrece promociones y descuentos de hasta el 50 por ciento de la tarifa ordinaria. Cabify pone en contacto a viajeros con conductores con permiso oficial habilitado para transporte a cambio de una tarifa fija por trayecto. Se anuncia como un servicio de vehículos con chófer y los pagos se realizan a través de su plataforma.

Por último, Car2go ofrece una serie de vehículos desperdigados a lo largo de la ciudad (350 en Madrid, por ejemplo). Dichos vehículos se pueden alquilar por minutos, pagando una tarifa variable en base al rodaje por kilómetros a través de su plataforma, que se encuentra conectada a tu cuenta bancaria personal y te permite un pago a través de su sistema operativo totalmente *cashless*. Mediante la geolocalización cualquier persona puede saber si existe algún vehículo habilitado dentro de su radio de acción y, en caso de estar interesado, se le suministra una clave de acceso para disponer del mismo a través de una app de teléfono móvil. Ha quedado claro todo, ¿no?

Otros ejemplos nos los encontramos en el mundo de la hostelería, como es el caso de la muy polémica y mediática Airbnb, que pone en contacto a personas que buscan alojamiento vacacional con propietarios de inmuebles y viviendas habitables (aunque siempre existan casos de picaresca, como el de una mujer detenida por fraude en el verano de 2015, en España, por alquilar viviendas a su nombre en el mercado convencional y luego realquilarlas a través de esta plataforma). También hay multitud de páginas web para reservar hoteles a lo largo y ancho del mundo.

También podríamos recurrir al mundo de la música, con webs como Spotify, donde contratando su versión de pago, y a cambio de una tarifa mensual, es posible escuchar (usar) toda su base de datos discográfica sin interrupciones y también de manera *offline*. Competidores de esta las encontramos con bastante facilidad, como Deezer, Tidal y Apple Music. Dentro del mundo audiovisual cada día abundan más las páginas web del tipo Netflix, Wuaki, Yomvi o incluso la novedosa YouTube Red, en las cuales se paga una cuota mensual y a cambio se puede reproducir la totalidad de sus archivos digitales audiovisuales (películas, documentales, series, programas infantiles, etc.).

Un caso particular y muy llamativo son las plataformas de compraventa de segunda mano, que en realidad no dejan de ser otra cosa que «mercadillos digitales». Así, tanto la boyante Wallapop como la renovada Vibbo (anteriormente denominada Segunda Mano, que en origen era un periódico en papel cuyo contenido consistía en anuncios clasificados) son ejemplos de plataformas P2P que ponen en contacto a vendedores (que pagan por anunciarse) con demandantes de un determinado bien o servicio y donde, además, los papeles de vendedor y comprador no son rígidos, sino intercambiables con facilidad.

En definitiva, en la mayor parte de los ejemplos que acabamos de exponer la cuestión ya no se centra en poseer un CD, un DVD, un coche o lo que sea, sino en usar y disfrutar determinados bienes y servicios durante un determinado periodo de tiempo a modo de arrendamiento.

Los partidarios de la economía colaborativa defienden que lo que se ha hecho es simplemente reinventar formas tradicionales de compartir, colaborar, intercambiar, prestar, alquilar y regalar. Formas que, no obstante, han sido redefinidas y amplificadas a través de la tecnología digital y el uso de las redes sociales, que son la clave para su desarrollo. Gracias al uso de perfiles de usuarios con valoraciones y referencias añadidas por otros usuarios se elimina la desconfianza que uno pueda sentir antes de decidirse a gastar dinero en un determinado producto o servicio. Los detractores argumentan que la mayor parte de la economía colaborativa se sustenta en modelos de negocio de competencia desleal, pues, mientras los tradicionales proveedores de esos bienes y servicios deben soportar una serie de gastos y tributos derivados del ámbito regulatorio específico en el que se mueven (licencias de taxi, tasas hoteleras, IAE, modificaciones legislativas), estos nuevos *players* no están sometidos a estas regulaciones e incluso en numerosas ocasiones se encuentran en los límites de la evasión fiscal, debido a que en la mayoría de los casos aún existen vacíos legales. Por ejemplo, y volviendo al caso del fraude citado en Airbnb, ¿tiene esta compañía que indemnizar a los propietarios de las viviendas por no haberse cerciorado de que las mismas estaban realmente en disposición de ser anunciadas en su plataforma digital?

Llegados a este punto, y más allá de polémicas, cabría preguntarse si en realidad estamos a las puertas del siempre prometido paraíso terrenal donde el avance de la tecnología nos libera de las cadenas del trabajo rutinario y donde los robots (movidos por energía limpia y renovable) hacen la mayor parte del trabajo pesado y nosotros nos podemos dedicar a cultivar y desarrollar nuestras habilidades y capacidades cognitivas e intelectuales en nuestros puestos de trabajo, tal y como nos aseguran los gurús de Silicon Valley. Para algunos la respuesta no está tan clara.

Algunos autores, como Nicholas Carr, han definido la filosofía (si es que se la puede llamar así) de Silicon Valley como un batiburrillo de fe ciega en el libre mercado, característica del neoliberalismo, confianza absoluta en el colectivismo, rozando el maoísmo, desconfianza de raigambre libertaria en torno a «lo social» y la creencia casi mística en el inminente advenimiento del paraíso terrenal definitivo que, esta vez sí, supondrá el «fin de la historia». Para Nicholas Carr y otros muchos como él existen muchos motivos para creer que, en el día a día, Silicon Valley actúa y se mueve en función de otros parámetros mucho menos idílicos.

Numerosas investigaciones y artículos periodísticos han denunciado la «exportación de la explotación» a miles de empleados que trabajan en la trastienda de nuestras ciudades, por ejemplo en gigantescas naves de distribución de gigantescas compañías de venta multiproducto *online*. Lo mismo ocurre con esas lejanas fábricas asiáticas y de otros países del Tercer Mundo que producen todo tipo de bienes. Por ejemplo, artículos deportivos. Todos hemos oído hablar de esta forma de explotación, pero saberlo nunca nos ha llevado a dejar de comprar zapatillas. Estudios sobre alguna de las empresas más simbólicas de la economía colaborativa dentro de la movilidad y la hostelería turística plantean el posible empobrecimiento de los entornos en los que estas compañías trabajan. Por otro lado, algunas de las mayores redes sociales del planeta han permitido la realización de experimentos en los que se mide el impacto psicológico que produce en los seres humanos la manipulación emocional del contenido de ciertos posts y noticias. Algunos autores empiezan a cuestionarse si la era digital no estará en realidad profundizando las desigualdades socioeconómicas en vez de reducirlas, tal y como se afirma desde Silicon Valley.

Así, bajo toda la retórica del emprendimiento, con términos como «empoderamiento personal» y «democratización», los detractores de Silicon Valley (muy minoritarios, todo hay que decirlo) afirman que se está confundiendo el avance tecnológico con el progreso social y que lo que está ocurriendo en realidad es que nos estamos (¿o nos están?) conduciendo hacia una homogeneización cognitiva, un pensamiento único bajo una fórmula de subordinación de las personas a una cultura de la distracción, de la trivialización y de la dependencia de los nuevos aparatos tecnológicos. También advierten del uso inadecuado y la manipulación que se puede hacer de esa tecnología hasta llegar, en los casos más extremos, a rozar la misantropía. Son numerosos los ejemplos de noticias «negativas» sobre diferentes personajes, públicos o no, que a través de redes sociales y medios de comunicación digitales se han viralizado en cuestión de horas, desatando oleadas de «críticas virulentas» (por utilizar un eufemismo), cuando luego esas noticias se han demostrado falsas.

Otros autores, por contra, auguran que será precisamente el avance de la tecnología lo que acabe por darle la puntilla al sistema capitalista. Uno de ellos es Paul Mason, la nueva gran esperanza blanca del pensamiento político de izquierdas, que no solo afirma que este «principio del fin» ya ha ocurrido, sino que su implantación se va a acelerar en los próximos años fruto de las incongruencias intrínsecas del actual sistema frente a la nueva forma de operar del ser humano en relación con el entorno. En su libro *Postcapitalismo. Hacia un nuevo futuro*, Mason afirma que estamos asistiendo a las primeras manifestaciones de tres fenómenos que cambiarán nuestro mundo, a saber:

i) La automatización entendida como la sustitución de la mano de obra humana por robots (se parece bastante a lo de la «singularidad», ¿no creen?). Esto permitirá una mayor conciliación entre trabajo y ocio para aquellos que conserven su puesto de trabajo. Sin embargo, en términos de capitalismo neoliberal creará un excedente de fuerza laboral, y pronostican incluso algunos estudios que aproximadamente el 47 por ciento de los puestos de trabajo actuales en los Estados Unidos se extinguirán en los próximos veinticinco años a consecuencia de la irrupción digital.

ii) La transparencia del consumo conducirá a la uniformidad de precios y, en última instancia, eliminará gran parte de los mecanismos e industrias que en la actualidad conforman los mismos.

iii) La multiplicación de alternativas de negocios colaborativos con costes inapreciables en términos de inversión y trabajo será también determinante. Un ejemplo paradigmático de esto último es la Wikipedia (reconozcámoslo, la utilizamos todos a pesar de sus defectos), la enciclopedia más grande del mundo, que ocuparía, en su versión inglesa, más de cuatro millones de páginas si la imprimiésemos. Y todo gracias al trabajo de aproximadamente un millón de voluntarios.

Si nos paramos a pensar un momento, en realidad Paul Mason no está diciendo nada nuevo. De hecho, estas ideas ya fueron preconizadas hace ciento cincuenta años, en pleno siglo XIX, por otro insigne pensador: Karl Marx (esta no la esperaba nadie, ¿eh? No sabemos qué tiene este hombre, que siempre vuelve). Según Mason este sistema poscapitalista se caracterizará por ser una economía colaborativa (por lo que se ve más nos vale ir acostumbrándonos rápido a este término) sostenida en la abundancia de dos «materias primas»: la información y el tiempo. Su emergencia convivirá durante muchos años con el declive del actual capitalismo neoliberal, al igual que ya sucedió durante siglos con el feudalismo y el capitalismo moderno. Sin embargo, lo que Mason tiene muy claro es que a largo plazo es una batalla perdida para el neoliberalismo actual dominante, porque este opera sobre la base de la escasez y, sin embargo, las nuevas materias primas de la era digital, el tiempo y la información, serán cada día más abundantes y crecerán de modo exponencial (en particular la información) gracias al poder de las redes sociales, donde habrá millones de personas conectadas, imposibles de silenciar.

Carr afirma que si aún no se ha aplicado esta supertecnologización no deja de ser porque ninguna sociedad, y mucho menos sus gobiernos, está dispuesta a hacer estallar el mercado laboral y perder así la mitad de puestos de trabajo existentes. Si la Revolución Industrial concentró la fuerza del trabajo en las máquinas, pero la capacidad de producción en la idea de conocimiento y de control de las nuevas tecnologías, la era digital llevará esta desvinculación entre fuerza y producción hasta el extremo. Pero eso sí, durante esa larga transición desde el actual sistema neoliberal hacia una economía colaborativa y una sociedad poscapitalista, el sistema capitalista se volverá cada vez más injusto y generará una sociedad cada día más desigual.

II. EL ADVENIMIENTO DE YOUTUBE Y LOS *YOUTUBERS*

INTRODUCCIÓN
¿QUÉ ES ESO DE LOS *MILLENNIALS* Y QUIÉNES SON?

«En el futuro, todos serán famosos mundialmente por quince minutos».

Andy Warhol, 1968

Técnicamente se podría definir a los *millennials* o nativos digitales, la «Generación del Milenio» o «Generación Y», como aquellos que han nacido desde principios de la década de 1980 hasta finales del siglo XX. Algunos autores también incluyen dentro de los *millennials* a la denominada «Generación Z», compuesta por los nacidos en el siglo XXI.

Independientemente de etiquetas —el continente—, lo que realmente nos importa es lo que hay debajo: el contenido. Por tanto, vamos a definir los rasgos característicos que definen a este grupo poblacional. Hagamos un rápido escaneo del *millennial* estándar (lo de «radiografía» es muy «Generación X»):

1. La tecnología y el mundo digital están integrados en su día a día de una forma completamente natural y casi indisoluble. Como buenos hijos de la era digital, suelen estar en permanente contacto *online* a través de las pantallas de sus dispositivos móviles y ordenadores, y prefieren consumir contenidos por Internet antes que por los medios tradicionales.

2. No poseen un único aparato dedicado a estos fines. Desde muy temprana edad la mayoría de ellos cuenta al menos con un *smartphone*, una tableta y un ordenador (o un iphone, un ipad y un mac si, como fervientes seguidores de Apple, se consideran los más *techies* entre todos sus contemporáneos). Son por tanto «multidispositivo» y suelen pasar un tercio de las horas del día *online*, sea transmedia o multiplataforma (que tanto monta, monta tanto).

3. Son adictos a la red y a la tecnología. No hay nada peor para un *millennial* que ser descubierto utilizando una tecnología de hace dos años. Consumen sobre todo de manera móvil y las pantallas son su medio de acceso a la vida social, al trabajo y al ocio. Son una parte imprescindible de su vida cotidiana, pues bastaría con que nos preguntásemos si la mayoría de los *millennials* podrían pasarse un día sin móvil para darnos cuenta de que la respuesta mayoritaria sería, indudablemente, «no».

4. Son fanáticos de las aplicaciones móviles (apps). Para comprar productos, para consumir contenido, para

realizar ejercicio, para relacionarse, para compartir fotos, para editarlas... El mundo de las apps parece no tener fin. Existen apps para todo y no estamos exagerando (las hay incluso para bloquear el móvil cuando se ha bebido demasiado). Todas estas aplicaciones, que se descargan a millones cada día (en la AppStore se descargan diariamente unos 5 millones), generan un volumen de negocio altísimo y reportan grandes beneficios tanto a sus creadores como a las plataformas de intermediación desde las que se descargan (AppStore o Google Play básicamente) ¡Bienvenidos al siglo XXI!

5. Son personas sociales, al menos en términos *online*. La mayoría de los *millennials* cuenta con al menos un perfil en una red social, pero una gran parte de ellos tiene más de uno en redes distintas. Están siempre conectados y les gusta compartir sus opiniones, tanto positivas como negativas, sobre acontecimientos, productos y lo que sea.

6. Mantienen una actitud crítica y exigente. Ante la gran variedad de empresas que se pueden encontrar *online* ofreciendo un mismo producto o servicio, si sufren una mala experiencia no volverán a hacer uso de esa compañía. Andan en una búsqueda constante de productos y servicios que se adecuen a sus preferencias, y «si encuentran algo mejor» no dudan en ser infieles a sus, hasta ese momento, marcas de referencia.

Bueno, pues una vez elaborado este retrato robot de con quién estamos lidiando, vamos a entrar en materia «youtubiana» («Por fin», exclamarán algunos), que al fin y al cabo es de lo que se supone que trata este libro (aunque ni los propios autores del mismo lo tengan muy claro a veces).

CAPÍTULO 4

POR QUÉ EL *STREAMING* (Y YOUTUBE) HAN VENIDO PARA QUEDARSE

En 1966 se estrenaron dos de los más exitosos programas de la única cadena de televisión española que existía en aquel momento (pública, obviamente): *Historias para no dormir*, de Chicho Ibáñez Serrador, y *Los Chiripitifláuticos*, destinado al público infantil. Eran dos programas que representaban en cierto modo la entrada en la modernidad de España, una modernidad alentada por los planes de desarrollo de la época y la famosísima Ley de Prensa e Imprenta promovida por Manuel Fraga Iribarne ese mismo año. Y eso fue, prácticamente, lo más renovador, a nivel doméstico y en cuestiones de ocio televisivo, que los españoles, adultos y niños, pudieron contemplar aquel año.

Comparado con la ingente cantidad de productos audiovisuales a nuestra disposición que existe hoy en día, en 2016, y la variedad de dispositivos en los cuales podemos visualizar los mismos y que prácticamente nos permiten disfrutar de lo que queramos cuando y donde nos apetezca, es casi inevitable que nos asalte una leve sonrisa al echar la vista atrás e incluso un pelín de nostalgia, pues en el fondo sabemos que es una mera cuestión de tiempo que el propio consumo audiovisual lineal pase definitivamente a la historia. Y no, no es solo a causa de los dichosos *millennials*. Todos hemos ya adoptado unos hábitos de consumo audiovisual que son incompatibles con la concepción clásica de retransmisión televisiva. Una situación que de hecho está empezando ya a afectar, con una creciente severidad, a las grandes corporaciones televisivas de todo el mundo, a pesar de que hasta hace muy poco se consideraban como uno de los sectores económicos más seguros y fiables.

Mario Gabelli tiene setenta y tres años y es uno de los más reputados inversores de Wall Street. Gabelli, nacido en el Bronx (uno de los barrios más marginales de Nueva York en 1942) e hijo de inmigrantes italianos, prácticamente de la nada ha conseguido acumular a lo largo de su vida una fortuna de más de 1.000 millones de dólares. Así que, por si alguno aún no ha caído en la cuenta, lo que queremos decir es que muy tonto no es que parezca este hombre. Pues bien, el 18 de noviembre de 2015, en una alocución en la Cumbre Internacional de Inversión organizada por la archifamosa agencia de noticias Reuters, Gabelli anunció que iba a cancelar su suscripción a la televisión por cable (Direct TV). Gabelli está convencido (y como él muchísimos inversores en Wall Street) de que en los próximos años vamos a ver una sustancial reducción de abonados a televisión por cable y satélite, en favor de paquetes de productos audiovisuales proporcionados por compañías de servicios de vídeo en *streaming* (léase YouTube, Netflix, HBO, Showtime, Hulu, Roku, Amazon Prime, Chromecast, etc.). En otras palabras, si hasta prácticamente hoy lo que hacíamos era ver la caja tonta, a partir de ahora lo que vamos a ver son los dispositivos inteligentes (*smartphones*, tabletas, etc.).

No se crean que Gabelli está solo en esta opinión. Además del 67 por ciento de los *millennials* estadounidenses que afirman que los productos audiovisuales que consumen por Internet son más relevantes para su existencia que los que se emiten a través de la televisión convencional (o «televisión lineal» en el vocabulario profesional), también Wall Street ha comenzado a pensar lo mismo. Comcast, propietaria de la todopoderosa NBC, vio reducida su cotización en bolsa en 14.000 millones de dólares a lo largo del segundo semestre de 2015. Y no es la única. A pesar del éxito de sus películas, la mayor parte de los bancos de inversión están haciendo recomendaciones a la baja en la cotización de Disney, debido a las pérdidas galopantes de abonados que está experimentando una de sus joyas de la corona, la cadena Televisa, especializada en deportes ESPN. En general, la mayor parte de las compañías televisivas de los Estados Unidos han visto descender su valor en bolsa a lo largo de 2015. Ante esta pérdida de audiencia la reacción de las grandes cadenas de televisión estadounidenses está siendo contraproducente, pues se limitan a introducir una mayor cantidad de anuncios en la programación al tiempo que elevan los precios de suscripción de sus paquetes televisivos. Por otra parte, congelan sus inversiones en nuevos productos audiovisuales (justo al contrario que Netflix, el referente del vídeo *streaming*). Una serie de medidas condenadas a fracasar a medio plazo, pues lo único que van a conseguir es ahuyentar a más audiencia y que la migración al *streaming* se acelere.

A tirar la casa por la ventana
Los gastos de programación de Netflix en 2016 superarán los presupuestos de cadenas como CBS, Viacom, Time Warner y Fox

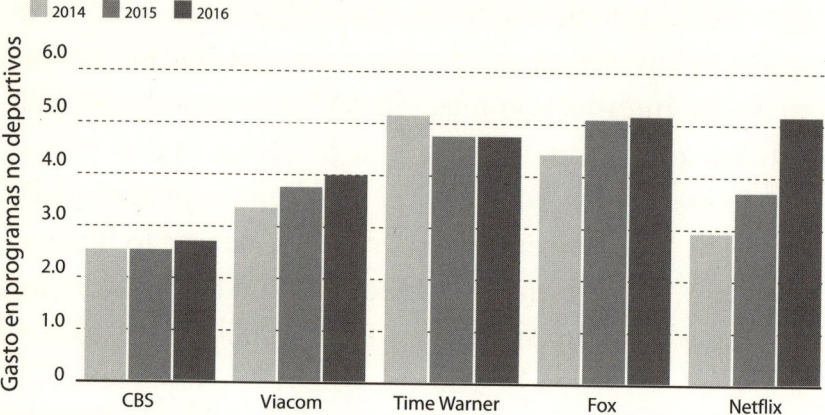

Fuente: MoffettNathanson LLC
Estimación para 2015, 2016

De hecho, de un tiempo a esta parte (en España desde 2015) ha comenzado a medirse lo que se ha dado en denominar «audiencia diferida», aquella que ve un determinado programa de televisión a través de dispositivos *online* y diversas plataformas («televisión no lineal» en la jerga del sector) durante los siete días siguientes al de la emisión en vivo del mismo programa por la televisión convencional. Pues bien, si para un programa corriente y moliente la audiencia televisiva en directo se ve aumentada en aproximadamente un 50 por ciento gracias a la audiencia diferida, para las grandes series de éxito estos porcentajes incluso alcanzan el 200 por ciento. Así, por ejemplo, en Estados Unidos el día de emisión del primer capítulo de la cuarta temporada de *Juego de tronos* fue seguido en directo por unos 7 millones de espectadores, mientras que en los días posteriores la audiencia diferida alcanzó los 11 millones. La cifra total asciende a más de 18 millones, por lo tanto. Por su parte la serie de FX *Fargo* tuvo una audiencia televisiva de 2,65 millones de espectadores el día del estreno de su primera temporada y 5,55 millones en audiencia diferida durante la siguiente semana gracias al boca a boca. Lo más significativo de todo es que esa audiencia diferida no está compuesta fundamentalmente por *millennials*, como cabría pensar a bote pronto, sino que la compone un amplio espectro de todas las edades.

En España, si bien el fenómeno es aún incipiente, ya tiene algunos ejemplos muy significativos, como la serie de TVE *El ministerio del tiempo*, que si bien tuvo unos registros de audiencia en directo bastante discretos, y casi siempre por debajo de la programación alternativa ofrecida por Antena 3 y Telecinco, se convirtió en todo un fenómeno de masas mediante su visualización en *streaming* por Internet.

Según un estudio realizado por Defy Media, el 62 por ciento de los usuarios estadounidenses comprendidos entre los trece y los veinticuatro años estaría dispuesto a probar o adquirir un producto o servicio recomendado por un *youtuber*, mientras que si esa sugerencia les apareciese a través de la televisión solo haría lo mismo un 49 por ciento de los *millennials* comprendidos entre los dieciocho y los veinticuatro años (un 43 por ciento en el caso de personas entre trece y diecisiete años). En otro estudio de la consultora Nielsen, en Estados Unidos los espectadores entre dieciocho y veinticuatro años vieron ocho horas menos de televisión a la semana en el segundo cuatrimestre de 2015 de lo que lo hicieron en 2011, y desde marzo de 2014 ya ven más contenido audiovisual *online* que de la manera convencional.

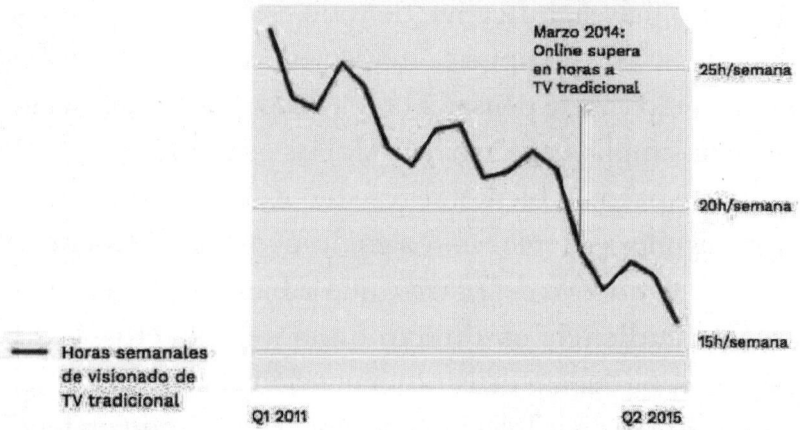

Fuente: Nielsen

Que el mundo y el modo de ver la televisión están cambiando es algo que ya nadie cuestiona. En el año 2004 la serie *Perdidos* obtuvo una audiencia media de 18 millones de espectadores en los Estados Unidos a lo largo de su primera temporada. En 2015 *Blindspot*, con apenas 10 millones (prácticamente la mitad), ha supuesto uno de los éxitos del año y ya ha sido renovada para una segunda temporada. Esta situación se está convirtiendo en un auténtico quebradero de cabeza para los programadores de las grandes cadenas de televisión americanas, pues la tendencia se va acelerando con el paso del tiempo (entre el 21 de septiembre y el 7 de octubre de 2015 el descenso en la audiencia estadounidense de espectadores con edades comprendidas entre los dieciocho y los treinta y cuatro años fue del 17 por ciento).

Ahora bien, si hablamos del rey del *streaming*, este es indudablemente Netflix, que ocupa el primer puesto en cuanto a tráfico de Internet en los Estados Unidos (YouTube es el segundo). Netflix nació como un videoclub en 1997 (sí, sí, como los de antes), pero con una particularidad: no hacía falta personarse en ningún establecimiento. Se podía hacer el pedido por teléfono o Internet y en un plazo máximo de cuarenta y ocho horas llegaba el DVD al domicilio junto con un sobre para reenviarlo de vuelta cuando se hubiese visualizado. Esto, en un país de las dimensiones de Estados Unidos, acabó convirtiéndose en la clave de su éxito.

Netflix está considerado como el principal competidor de las cadenas convencionales de televisión y se acerca a pasos agigantados a los 100 millones de suscriptores a nivel mundial para los próximos años, puesto que se encuentra ya implantado en más de cincuenta países (en España desde 2015). Una de las grandes ventajas del *streaming* o VoD que ofrece Netflix es la posibilidad de consumir más de un episodio de cualquier serie de una tacada. Esta práctica, denominada *binge watching*, ha sido experimentada al menos una vez por el 94 por ciento de los usuarios de Netflix. Por ello no es de extrañar que una de las tácticas de estreno de esta plataforma con respecto a sus series de producción propia (la más famosa de las cuales es *House of Cards*, que seguro que a más de uno le sonará) sea lanzar toda la temporada al completo de una tirada. La respuesta de las principales cadenas convencionales americanas (ABC, NBC y FOX) fue la creación de Hulu, en el año 2008, pero ni de lejos ha alcanzado el éxito de Netflix (entre otras cosas porque siguen incluyendo anuncios publicitarios).

Ya no solo es el hecho de que la demanda se haya fragmentado gracias al aumento de la oferta (oficial y oficiosa) disponible: es que la oferta se ha «democratizado» y ya no está atada a la concesión de licencias que saque a subasta el Gobierno de turno en cada país. A día de hoy, y por un coste cada vez más decreciente, cualquier persona u organización puede emitir contenido audiovisual a través de la red y hacerlo accesible a cualquier punto del planeta que tenga conexión. Y si alguien le quiere poner puertas al campo y colocar cortafuegos de acceso arbitrarios, no hay más que recurrir a un enmascarador de VPN (hotspotshield.com, unlocator.com, expressvpan.com, purevpn.com, etc., etc., etc.) para mantener nuestra privacidad, y problema resuelto. Ya se sabe que la realidad y la necesidad van siempre muy por delante de las leyes. El que las plataformas de pago de televisión tradicionales, tipo DirectTV en los Estados Unidos o Movistar+ en España (fruto de la adquisición de Digital Plus y Yomvi), se estén pasando al *streaming* a velocidad de vértigo no es una casualidad en absoluto. Si hoy las principales series se emiten en España al día siguiente de su estreno en los Estados Unidos (tanto dobladas como en versión original con subtítulos) no es fruto del azar, ni mucho menos: es que no les queda otra a las susodichas plataformas. Si no lo hiciesen de esta manera lo cierto es que en las siguientes veinticuatro o cuarenta y ocho horas perderían probablemente más del 50 por ciento de su potencial audiencia, pues ya habrían visualizado esos contenidos por medio de una suscripción enmascarada por VPN en alguna web de enlaces *online* a páginas de *streaming*. Webs «sin ánimo de lucro», faltaría más (y situadas en desiertos remotos o montañas lejanas, que diría algún expresidente), donde se pueden reproducir todo tipo de cosas. También podrían descargarlas directamente a través de alguna de las múltiples alternativas existentes (que, por supuesto, «únicamente redireccionan» el tráfico *online* que les llega). En definitiva, que la demanda existe y no va a desaparecer, estando como estamos inmersos en la era digital y de la instantaneidad. Por tanto, es la oferta la que tiene que adaptarse para satisfacer esa demanda a un precio lo suficientemente asequible para que la audiencia opte por la comodidad de simplemente darle unos cuantos clics a un mando a distancia en vez de convertirse en expertos de la *twilight zone* de la www. Lo cual, dicho sea de paso, no tiene ningún tipo de misterio para cualquier *millennial* que se precie.

CAPÍTULO 5
Y AL SÉPTIMO DÍA GOOGLE COMPRÓ YOUTUBE

¿Pero esto de YouTube, cómo surgió?, se preguntarán. Pues bien, para eso estamos nosotros aquí. YouTube fue creada en febrero de 2005 por tres exempleados de Paypal: Chad Hurley, Steve Chen y Jawed Karim. Según Chad y Steve, la idea de YouTube les vino a la cabeza al intentar compartir entre ellos una serie de vídeos que habían grabado en una fiesta a la que habían acudido en San Francisco, pues los archivos eran demasiado grandes como para ser enviados por correo electrónico. Sin embargo, en un momento dado Jawed afirmó que dicha fiesta nunca había ocurrido y que en realidad la idea de crear una página en Internet para compartir vídeos había sido exclusivamente suya. Los otros dos cofundadores contraargumentaron que la dichosa fiesta sí que había tenido lugar y que en realidad lo que Jawed quería hacer era crear una web de citas sentimentales donde las personas pudiesen puntuarse entre sí en función de los vídeos subidos.

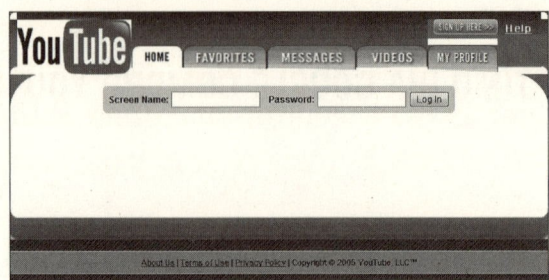

Página de inicio de Youtube en 2005

Más allá de esta controversia más parecida a un culebrón que a otra cosa, lo cierto es que el dominio www.youtube.com fue activado el 14 de febrero de 2005 y dos meses más tarde, el 23 de abril, se subió el primer vídeo, *Me at the Zoo* (*Yo en el zoológico*), hoy en día todo un clásico de Internet que aún se puede reproducir (cuenta con más de 27 millones de visualizaciones) desde sus oficinas, situadas encima de una pizzería y de un restaurante japonés de San Mateo (California). Muy rápidamente el número de visitas a la web empezó a incrementarse a paso de gigante. Actualmente, YouTube sigue manteniendo el récord de ser la página web de mayor crecimiento en su primer año de funcionamiento de toda la historia de Internet. La cosa fue a más cuando el público empezó a colocar enlaces de YouTube en sus páginas de MySpace (el Facebook de entonces), lo cual conllevó los primeros problemas financieros de la incipiente *start-up*. Chad había pagado con su tarjeta de crédito la primera factura por la conexión de banda ancha que necesitaban para poner en marcha YouTube, pero a pesar de que estuvieron desde mayo hasta noviembre de 2005 «en Beta» (fase de pruebas), la demanda del boca a boca fue tan explosiva que el coste de la infraestructura alcanzó cifras insostenibles incluso antes del lanzamiento oficial, y se convirtió en una necesidad imperiosa encontrar una forma de financiarse.

Como era previsible, este espectacular crecimiento atrajo casi de inmediato la atención de las grandes corporaciones (en octubre la empresa Nike contrató en YouTube un *spot* protagonizado por Ronaldinho) y en noviembre de 2005, mes del lanzamiento oficial de YouTube, Sequoia Capital, un fondo de capital-riesgo, realizó una primera inversión de 3,5 millones de dólares que fue posteriormente ampliada en otros 8 millones en abril de 2006. A finales de 2005 se estimaba que la web de YouTube recibía unos 50 millones de visitas al día y en julio de 2006 la propia compañía confirmaba que se subían a la web más de 65.000 vídeos diarios y que recibía 100 millones de visitas todos los días. En ese momento estaba catalogada como la quinta web más popular en los Estados Unidos. Por aquellas fechas *The New York Post* publicó que la estimación de valor de YouTube se situaba entre los 600 y los 1.000 millones de dólares, y aunque MySpace y la propia Google (¿alguien se acuerda de Google Vídeo?) sacaron sus propias webs de vídeos intentando emular a YouTube, ambas fueron un fracaso rotundo.

En otoño de 2006 YouTube empezó a confrontar una serie de problemas legales en relación a los derechos de autor de los vídeos que se podían visualizar en su web. Universal Music Group denunció que YouTube les debía decenas de millones de dólares por violación de derechos de autor y Mark Cuban, cofundador de Broadcast.com, un servicio de radio por Internet comprado por Yahoo en 1999, había declarado un mes antes que «solo un tonto compraría YouTube por los potenciales problemas legales que tendría que afrontar». Al mismo tiempo un artículo publicado por *The Wall Street Journal* informaba de que Google iba a comprar YouTube por un importe aproximado de unos 1.600 millones de dólares. Aunque dicha información fue inicialmente negada por ambas compañías, lo cierto es que el 9 de octubre de ese año Google anunció que tenía intención de comprar YouTube por 1.650 millones de dólares. A lo largo de los días previos al anuncio YouTube había firmado dos acuerdos con Universal Music Group y CBS, mientras que por su parte Google había cerrado pactos con Sony BMG y Warner Music para la distribución de vídeos musicales. Ese año se cerró con la nominación de YouTube como «Persona del año» por parte de la revista *Time*. Y lo demás ya es historia, aunque haya transcurrido menos de una década desde entonces...

YouTube ha cambiado mucho a lo largo de sus escasos diez años de vida. Ha sabido evolucionar y adaptarse a las demandas del usuario y la plataforma. Muchos de estos cambios han venido inducidos por el aumento del consumo de contenidos a través de dispositivos móviles como tabletas y *smartphones*. El *leitmotiv* de YouTube es sencillo: ofrecer una experiencia *user friendly* (amigable para el usuario) e intuitiva a través de su diseño. Curiosa y paradójicamente, han sido los propios *youtubers* los que más se han quejado de los cambios que YouTube ha puesto en marcha, pero cada innovación que ha experimentado la plataforma en este tiempo ha sido ideada para aumentar la satisfacción del usuario o tenerle enganchado. «Enganchado» es la palabra exacta, pues aunque usted no lo sepa, en la

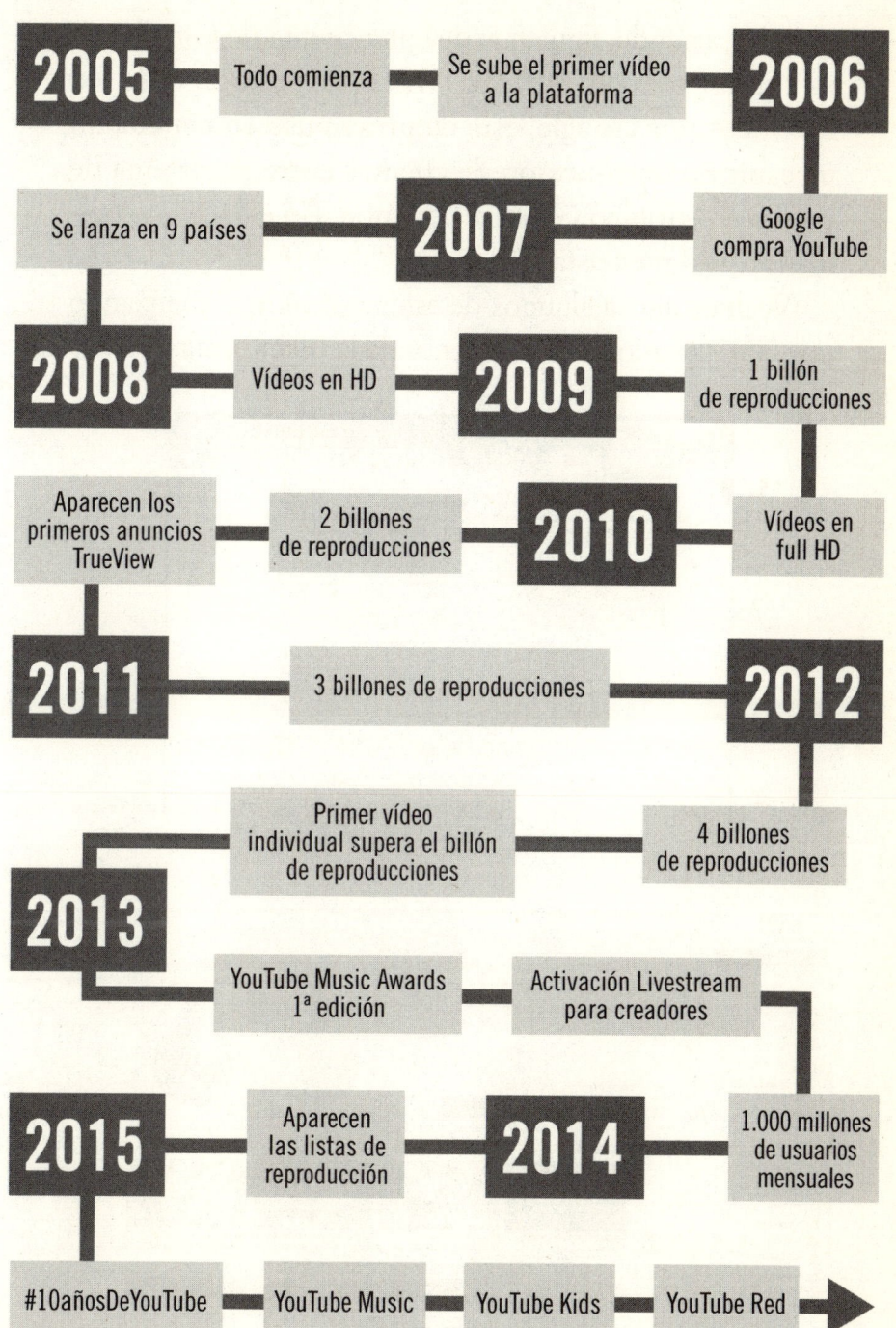

práctica, cuando alguien activa una cuenta de Gmail activa a su vez otra de YouTube. Tras la adquisición de la red de vídeos por Google, esta empresa puso en marcha un mecanismo de conexión de cuentas entre su sistema de correo electrónico Gmail y YouTube. Un enlace que permanece vigente hasta hoy.

Veamos ahora algunos de estos cambios, comenzando por 2005, el año de lanzamiento de la plataforma.

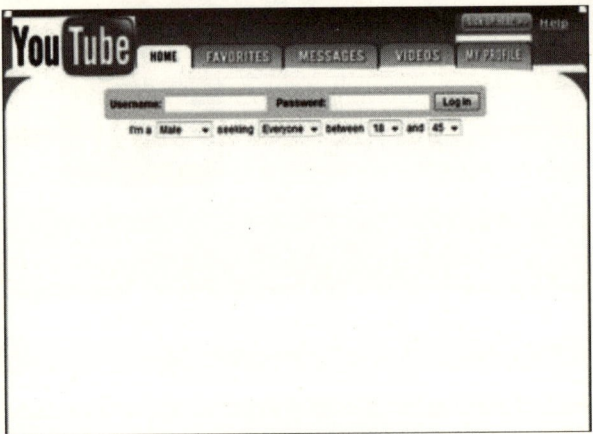

YouTube en 2005

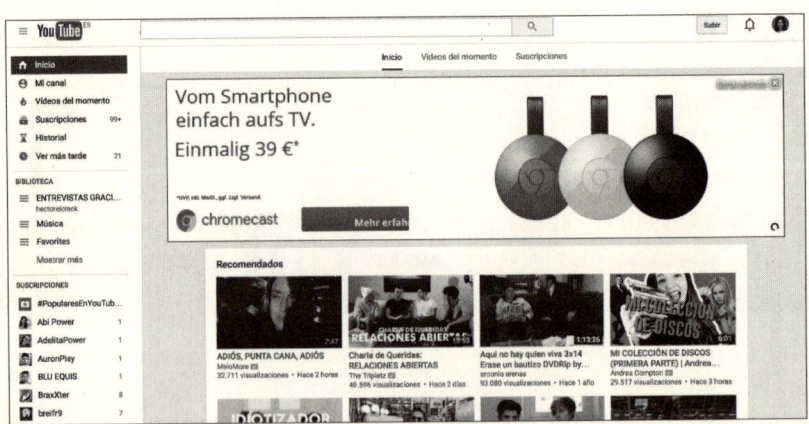

YouTube en 2016

Como se puede observar en la imagen lo que prima es una estética minimalista, como era también Google en aquel momento, por cierto (y que sigue intentando mantener). Nos encontramos con un diseño muy en blanco, sin adornos y con una interfaz muy simple y sencilla de usar que apenas diferenciaba entre página de inicio, vídeos favoritos, mensajes, vídeos y el perfil personal. ¡Ay, cómo hemos cambiado!, (que decía la canción). Un año más tarde se añadieron los *tags* o etiquetas, que permiten una mayor eficacia a la hora de buscar y organizar los vídeos de la plataforma. También se añadieron vídeos destacados por YouTube y vídeos que otros usuarios habían visto recientemente. Todo para facilitar búsquedas y para poder descubrir lo que otra persona, en cualquier parte del mundo, acababa de ver en ese mismo momento.

Más tarde surgieron los primeros canales destacados y se establecieron las categorías que incorporan los vídeos más populares del momento en la página de inicio en función del consumo del usuario. Fue en 2007 cuando YouTube habilitó la customización de cada canal. Después de dar estos «pequeños pasos para el hombre, pero grandes pasos para la humanidad», y tras la compra de Google, en 2008 YouTube habilita el *log in* (registro) a través de una cuenta de Google. Ese mismo año también lanza YouTube Mobile y permite ver sus vídeos a pantalla completa. Esto hoy nos parece algo básico, pero lo cierto es que no siempre fue así. Igualmente ocurre con los vídeos en HD o de alta definición, que se instauraron un año más tarde. Cabe recordar que actualmente YouTube permite contemplar vídeos en 4k o, lo que es lo mismo, en Ultra HD. En definitiva, que se ven de maravilla, vamos.

Aunque YouTube ha aplicado todos estos cambios de manera gradual, lo cierto es que su crecimiento como plataforma de referencia en el sector del vídeo *online* ha sido exponencial. Las reproducciones comenzaban a «explotar» en algunos vídeos y así empezamos a familiarizarnos con el término «viral» para hacer referencia a un vídeo visto por muchas personas a lo largo del planeta en un plazo muy breve de tiempo.

En todos estos años YouTube también ha sido capaz de ir ofreciendo datos al creador de contenidos sobre el comportamiento de los usuarios que consumen sus vídeos, logrando así una mejora en la interacción creador-fan. A finales de la primera década del siglo XXI YouTube lanzó el YouTube Spotlight, donde se recoge el mejor contenido de la plataforma y las tendencias de consumo de vídeo. También comienza a fabricar el conocido YouTube Rewind. Para los más despistados, diremos que se trata de un vídeo que produce YouTube todos los años (lo publica en noviembre o diciembre) y en el que aparecen los creadores de referencia, a fin de remarcar las tendencias en vídeo *online* experimentadas a lo largo de cada año. Y todo en una sola pieza.

El año 2012 supuso un punto de inflexión en la historia de YouTube. ¿El motivo? Por una parte el hecho de que se produjo un cambio crucial en el diseño de YouTube, un cambio sin el cual no se entendería el auge que ha tenido esta plataforma en los últimos tiempos. La página de inicio fue definida a partir de una mejora en su navegación intuitiva para facilitar la búsqueda de canales, y no de vídeos, como era entonces. Se buscaba así aumentar el número de suscripciones con la confianza de que la gente terminaría empatizando con cada canal/creador, en lugar de hacer que la plataforma acabara convirtiéndose en un lugar para ver vídeos de gatitos o al buen tuntún en el mejor de los casos. Por otra parte, en septiembre de aquel año YouTube lanzó su primera aplicación para *smartphones*, que permitía reproducir su contenido de manera muy sencilla con apenas unos clics. Esto supuso que el contenido fuese mucho más accesible y se pudiera consumir en cualquier lugar que dispusiera de una conexión WIFI. Fue un auténtico estallido en el número de visualizaciones de la plataforma, pues ya no hacía falta esperar a llegar a casa para conectar el ordenador y ver los vídeos que nos apeteciese. Por lo que parece no tiene pinta de que les haya salido nada mal la jugada, ¿no creen?

Todo lo anterior permitió alimentar la estrategia de crecimiento que YouTube había diseñado y que en el fondo era bastante evidente y cristalina (aunque a toro pasado siempre es fácil decirlo). En la medida en que los creadores consiguieran recabar nuevas y mayores audiencias y desarrollar su base de seguidores, la plataforma sería capaz de aunar un mayor número de anunciantes. Y estos, una vez comprobada la eficacia de su publicidad, irían progresivamente y año tras año aumentando su inversión en este medio, tanto en términos relativos como absolutos. Como resultado se revertirían unos mayores ingresos para los creadores, lo cual a su vez atraería a otros nuevos, decididos a abrir sus propios canales. Todo este incremento de la competencia llevaría a producir un mejor contenido y a captar nuevas audiencias para la plataforma, cerrando un círculo virtuoso donde los haya. Dicho en un lenguaje más coloquial, es la pescadilla que se muerde la cola. Tanto YouTube como los creadores se realimentan entre sí, y además de manera muy exitosa. Es por esta sencilla razón que el crecimiento de YouTube ha sido tan explosivo en los últimos tres años, hasta convertirse en la plataforma número uno de vídeo *online* del mundo. También es una de las principales fuentes de entretenimiento y consulta de conocimientos de todo el planeta. ¿Acaso usted nunca ha recurrido a algún tutorial de YouTube para aprender sobre un tema, hacer una cosa o arreglar algo?

CAPÍTULO 6
LOS *YOUTUBERS* Y EL PORQUÉ DE SU ÉXITO

¿Qué es ser *youtuber*?

Obviamente esta es una de las grandes preguntas (o «la pregunta») que prácticamente todos los que están leyendo este libro esperan que les sea respondida. Pues bien, la contestación no podría ser más sencilla. De hecho, ya fue respondida hace un par de siglos por uno de los más insignes poetas que ha dado al mundo la cultura española: Gustavo Adolfo Bécquer.

> «"¿Qué es poesía?", dices mientras clavas
> en mi pupila tu pupila azul.
> ¿Qué es poesía? ¿Y tú me lo preguntas?
> Poesía... eres tú».

Ahora sustituyan «poesía» por «YouTube» y habrán resuelto el acertijo... No nos negarán que ha quedado poético. Bromas aparte, si alguien quiere una respuesta más técnica que esta nos veremos obligados a abrir el melón de la polémica, pues en la actualidad existen dos corrientes de opinión al respecto. Así, para algunos es *youtuber* todo aquel (y por «aquel» de momento solo se aceptan seres humanos, no gatitos) que sube vídeos a la plataforma. Por otro lado están los que opinan que el término debería quedar reservado en exclusiva para referirse a todo aquel individuo que, con una periodicidad regular y constante, sube contenidos a la plataforma y consigue convertir en retribución monetaria el número de visualizaciones de un archivo dado. Lo que se conoce con el anglicismo de «monetizar las visitas». Estos últimos arguyen que si comúnmente no designamos como «futbolista» a todo aquel (o aquella, que nadie nos tache de sexistas) que se dedica a darle patadas a un balón alguna vez, sino únicamente a los que tienen el fútbol como medio de vida, lo mismo deberíamos hacer con el término *youtuber*, dándole un estatus profesional. De esta manera solo tendrían el crédito de «creador» las personas que han conseguido hacer de YouTube no ya una afición, sino su profesión.

En fin, como a nosotros nos gusta ser políticamente correctos y caminar por la calle de en medio (aunque algunos avispados seguro que ya se han dado cuenta de qué pie cojeamos, pues hemos empezado este capítulo hablando de «creadores»), no vamos a entrar en polémicas. Así que, si bien vamos a dar por buenas ambas acepciones, nos vamos a centrar en la segunda, la de «creador», como hilo conductor de nuestra exposición. Y es que aparte del «Universo YouTube» lo que queremos destacar es su capacidad de influencia más allá de la plataforma de vídeos. Influencia que al final, de una forma u otra, acaba invadiendo el resto de las redes sociales. Dicho en cristiano, lo más relevante de los *youtubers* de éxito, de lo que hemos denominado «creadores», es su cualidad de llegar a ser *influencers*. Como el propio nombre indica, se trataría de toda aquella persona que mediante su capacidad de comunicación logra influir en los comportamientos y opiniones de terceras personas. Por cierto, es un error muy común asociar la capacidad de «influenciar» con el hecho de ser popular y/o tener muchos seguidores en las redes sociales. Lo cierto es que hay muchas personas que acumulan una gran masa de seguidores, pero a la vez no consiguen ejercer ningún impacto sobre esas personas.

El youtuber *elrubius, catalogado como* influencer *en la conferencia de videojuegos más importante del mundo*

Unos cuantos datos de interés para empezar

Entendemos que a estas alturas ya ha quedado claro que YouTube es una plataforma *online* en la que «cualquiera» puede cargar un vídeo y por tanto tener éxito. Utilizamos el entrecomillado porque si ese cualquiera pretende convertirse en *youtuber* ha de ser muy consciente de que va a ser la audiencia, y solo la audiencia, quien le va a otorgar ese rango, por decirlo de alguna manera. Que nadie se llame a engaño: ser *youtuber* no es fácil y mucho menos serlo de éxito, al igual que no es sencillo ser futbolista de primera división, un Messi o un Cristiano Ronaldo, por ejemplo. Para empezar, ser *youtuber* supone una implicación *full time* 24/7, es decir, dedicación completa las veinticuatro horas del día, siete días a la semana. Por lo tanto, al hablar de «cualquiera» lo que sí queremos decir es que, aparte de dedicarle tiempo, no es necesaria una gran inversión: solo unos pocos recursos de producción, como una webcam del montón, un ordenador, una conexión a Internet (a ser posible un poco decentilla) y cierto conocimiento de alguno de los cientos de programas de edición de vídeo. Todo ello junto a una actitud fresca y creativa. Sumemos una cuenta de usuario y ya es más que suficiente para tirarse a la piscina, u océano, de YouTube. Eso sí, conviene elegir bien el nombre de usuario para el canal, no vaya a ser que uno se convierta en *youtuber* de éxito y se arrepienta luego del *user* elegido. Y es que la URL de YouTube no se cambia bajo ningún concepto. Así que mejor pensarlo bien antes de poner como nombre una ristra de números y mayúsculas tipo «ElcaStaÑus321».

Ahora cabría preguntarse: ¿qué es lo que tienen estos *youtubers* para haberse convertido en estrellas del entrenamiento equiparables a los artistas o deportistas de mayor éxito? El boom de los *youtubers* como fenómeno de masas comenzó su escalada allá por el año 2012, en consonancia con el cambio en la interfaz de YouTube. Desde entonces su popularidad no ha hecho más que crecer y crecer. En el año 2013 el aumento de las cifras de suscripción comenzó a adquirir un ritmo vertiginoso y a raíz de ello aparecieron los primeros contenidos de índole comercial vinculados a alguno de estos creadores. A finales de dicho año las tasas de crecimiento habían duplicado las del anterior y todo indicaba que en 2014 iba a ocurrir lo mismo. Tanto ese año como el siguiente, 2015, significaron la definitiva consolidación de estos nuevos artistas y su entrada en otros ámbitos del *showbusiness* (editoriales, discográficas, programas de televisión, etc.) ajenos a la plataforma. Esto permitió a todo el mundo tomar conciencia de que los *followers* que sumaban esos *youtubers* eran algo más que meros dígitos acumulados en un contador digital de suscriptores. Así que 2015 ha sido el año de batir récords y de cruzar el charco para la mayoría de estos chicos.

Encontrar un hilo conductor, un «secreto del éxito» único que caracterice a todos los variopintos *youtubers* no es tarea fácil. El principal factor en común es que tanto los creadores como su audiencia comparten una misma pasión por el mundo de los videojuegos en la mayor parte de los casos, produzcan ese tipo de contenido o no. Muchos *youtubers* comentan que al principio subían partidas para enseñárselas a sus amigos. Lo hacían a modo de gracia, pero a partir de ahí la cosa se puso a crecer. Otros comenzaron a seguir a *youtubers* estadounidenses y se preguntaron a sí mismos: «¿Y por qué no puedo hacerlo yo?». De hecho, en su momento una parte muy importante de la audiencia inicial se vio atraída hacia los *youtubers* en busca de trucos o *hacks* para algunos videojuegos.

Un factor a tener muy en cuenta es que YouTube, al pertenecer a Google y contar por tanto con ingentes medios de *Big Data* a su disposición, asume una actitud proactiva, y por tanto también *influencer*, en cuanto al posicionamiento de ciertos vídeos en la ayuda a la búsqueda de resultados en función de las indicaciones de sus usuarios. Si a ello le unimos la falta de contenidos en los medios tradicionales que interesen a los nativos digitales, junto con una característica actitud a la par dispersa y activa, a nadie le debería extrañar que a este tipo de público le resulte difícil atender una retransmisión televisiva, por ejemplo, en un momento concreto del día y no en otro. A menudo también les cuesta mantener la atención sobre una pantalla durante intervalos de tiempo prolongados, y no digamos ya si encima hay anuncios. Por el contrario, su preferencia por el formato de vídeos de corta duración disponibles a lo largo de cualquier hora del día a través de múltiples dispositivos es una característica fundamental.

Hasta aquí lo pillamos, podríamos decir. Pero con la misma legitimidad podríamos preguntarnos: ¿cómo puede ser que el fenómeno fan sea tan tremendo con estos *youtubers*? De nuevo la respuesta es más simple de lo que parece y la tenemos a la vuelta de la esquina: «Nos podría haber pasado a cualquiera». Esto es lo que piensa la mayor parte de los seguidores sobre el triunfo de sus ídolos en la red. Sienten que han ayudado a esa persona en el desarrollo de su triunfo y lo sienten como suyo. La naturalidad y la cercanía son un aspecto clave del éxito de los *youtubers*, además de la bidireccionalidad entre usuario y *youtuber* que permite la plataforma y que se ve potenciada mediante el resto de redes sociales. La naturalidad, espontaneidad e intimidad que se respira en YouTube, a pesar de los millones de personas que pueden llegar a ver un mismo vídeo, presenta unos tintes cuasimágicos en muchas ocasiones. Algunos de los videoblogueros llegan a mostrar cómo se levantan de la cama, sin casi haber abierto del todo los ojos, y ya están enchufando la cámara. No hay trampa ni cartón. No hay veto. No hay filtros. No hay ideales ni cánones de belleza inalcanzables impuestos por esa sociedad que tan irreal nos parece por momentos. Gracias a ello es como consiguen conectar de esa manera tan auténtica con los usuarios. Esto hace humanos y accesibles a los *youtubers* y los convierte en un reflejo de lo que son las nuevas generaciones. No son millonarios ni llevan vidas de lujo, por lo que el usuario se identifica totalmente con ellos y los siente como de los suyos. Son unos «héroes del pueblo».

Otra de las claves del éxito es la comunicación con la audiencia. YouTube cuenta con un sistema de comentarios para cada vídeo. Esto permite a la audiencia tener voz y voto en lo que a contenidos se refiere. El *youtuber* y su audiencia se comunican a través de estas herramientas, lo que permite crear una sinergia indestructible entre ambos. Si en algún momento la audiencia percibe que el contenido que está viendo no es el que le gustaría ver, lo tiene tan fácil como dejar un «no me gusta» en el vídeo. También puede expresar su opinión u exponer una forma de mejora a través de los comentarios. Esta característica supera a los medios tradicionales, como la televisión, que ofrecen un contenido en parrilla con unos horarios establecidos y de una sola dirección. La única manera que tiene el espectador de expresar su descontento con tal o cual contenido es no viéndolo. Si esto ocurre con un número elevado de espectadores, el programa se cancelará. No hay margen de error. No hay margen de mejora. Hay guiones, todo está preparado, no hay espacio para la improvisación. Algo que en YouTube es del todo distinto: los cambios ocurren con muchísima frecuencia.

Esto no quiere decir que en YouTube no haya contenido con guion, por supuesto que lo hay. De hecho, progresivamente se está comenzando a ver un contenido cada vez más preparado y escogido, que cuida y mima mucho la imagen y la producción y alcanza en ocasiones niveles muy parecidos a los de la televisión y en calidad 4k. Un buen ejemplo de ello es el canal de humor WasabiHumor. También son numerosos los casos de *youtubers* que han hecho importantes esfuerzos de inversión encaminados a mejorar su equipamiento y producción. Pero lo que sigue siendo determinante de veras en YouTube es contar con una persona con carisma que sepa narrar una buena historia. Cuando esto sucede, que el vídeo esté grabado en HD o en 4k es irrelevante para la mayoría de los nativos digitales. Hoy aún hay *youtubers* que siguen grabando con una webcam y cuentan con audiencias millonarias. Es el caso de AuronPlay en España, por poner solo un ejemplo.

Queremos insistir en una cosa: esta popularidad de las estrellas de YouTube no es algo que quede circunscrito a la plataforma. En julio de 2014 la revista *Variety*, una de las más leídas en Estados Unidos en formato digital, realizó una encuesta entre 1.500 jóvenes estadounidenses con edades comprendidas entre los trece y los dieciocho años para averiguar cuáles eran las *celebrities* por las que se sentían más influenciados o por las que sentían mayor empatía. Se seleccionaron 20 candidatos, 10 *celebrities mainstream* del mundo de Hollywood y de la música pop, arquetipos del Star System donde los haya, y 10 *celebrities* de YouTube. La mayoría de las preguntas iban enfocadas hacia la accesibilidad, autenticidad y otros aspectos de la influencia global de las *celebrities* en cuestión. Pues bien, después de recopilar los resultados y elaborar un *ranking*, se encontraron con que el Top 5 estaba copado por las *celebrities* de YouTube. Algunas de ellas, como puede ser el caso de Smosh, poseen auténticos imperios dentro del mundo digital: página web de entretenimiento, productora, canales de YouTube bajo su marca pero sin su presencia física, su propio canal doblado a varias lenguas... El año 2015 incluso estrenó su propia película a través de las plataformas de VoD Vimeo y Netflix. En otras palabras, para los jóvenes de hoy las personas más influyentes ya no son las del Star System de toda la vida, sino los dichosos *youtubers*.

Para que nos entiendan bien y vean que no es una broma, que el éxito de los *youtubers* no es una cosa puntual en el tiempo ni una moda pasajera, en 2015 *Variety* volvió a repetir la encuesta con los mismos parámetros, pero con diferentes *youtubers* y estrellas del mundo tradicional, adaptándola a quien en ambos terrenos había logrado más popularidad durante ese año. ¿Pueden adivinar quién copaba el Top 5? Sí, amigos: los cinco primeros puestos volvieron a ser para estrellas del mundo *online*. De hecho, durante este periodo los *youtubers* lograron consolidar su influencia entre los jóvenes, ya que la mayoría de los resultados fueron mucho más positivos para ellos que en anteriores encuestas. Gente como Bruno Mars y Taylor Swift (grandes estrellas del pop) quedaron en los puestos 7 y 8 del *ranking*, respectivamente.

En la actualidad YouTube es la segunda red social del mundo, por detrás de Facebook, y la primera plataforma de contenidos digitales. También es la segunda máquina de búsqueda *online* después de Google, empresa a la que pertenece. Cada segundo se suben 300 horas de vídeo a YouTube. Así es: en lo que ha tardado usted en leer «cada segundo», ya hay otras 300 horas de vídeo en YouTube. La plataforma cuenta con 1.000 millones de usuarios únicos que consumen billones (sí, sí, billones en español, los de «millones de millones») de reproducciones al año. Valga como ejemplo el hecho de que en Estados Unidos, donde siempre van con unos cuantos años de ventaja en lo que se refiere a este tipo de menesteres, la población entre dieciocho y cuarenta y nueve años consume más contenido en YouTube que en cualquier red de cable del continente.

Aunque estos datos nos asusten un poco es mejor que nos vayamos haciendo a la idea de que nada de esto va a parar. Si no, fijémonos en los datos recientes de crecimiento de esta plataforma, según los cuales el *watch time* o número de horas que una persona consume en YouTube ha aumentado un 60 por ciento, y el número de usuarios diarios en un 40 por ciento durante el periodo comprendido entre marzo de 2014 y noviembre de 2015. Aproximadamente el 50 por ciento del total de las reproducciones ya se consume a través de dispositivos móviles, con una media de 40 minutos por sesión. Ya saben, lo que uno quiera, cuando uno quiera, donde uno quiera.

Para concluir esta sección, y en lo que se refiere al mundo hispanoparlante, una de las cosas más llamativas es su volumen, de tal manera que entre los diez mayores *youtubers* del mundo por número de suscriptores nos encontramos con dos españoles y una mexicana: elrubiusOMG, Vegetta777 y Yuya. Es otro de los aspectos a destacar de YouTube, pues lo cierto es que actualmente el 80 por ciento de las reproducciones provienen de fuera de los Estados Unidos, por lo que no es de extrañar que la plataforma se haya hecho accesible de manera local en unos setenta países de todo el mundo ni que sea navegable en setenta y seis idiomas diferentes.

YouTube como escaparate de talento y la viralización

Muchos quizá no saben que YouTube, además de ser la plataforma donde los *millennials* (y cada vez más no *millennials*) pasan gran parte de su tiempo de ocio, también ha servido como escaparate y trampolín para varias celebridades a nivel mundial. ¿Les suena un tal Justin Bieber? Pues eso. ¿Ariana Grande? Pues más de lo mismo. Ellos fueron descubiertos gracias al contenido que habían subido a la plataforma, aunque hoy día no se les pueda considerar *youtubers* de a pie. Existen otros ejemplos de carreras mucho más efímeras pero de una viralización sin parangón, como es el caso del *Gangnam Style* de *PSY*. *Gangnam Style* consiguió destronar a Justin Bieber como autor del vídeo más visto en la historia de YouTube hasta entonces (hablamos de su primer single, *Baby*).

Y no solo eso, sino que consiguió «romper» YouTube. Sí, de manera literal. Ante el visionado masivo YouTube se vio obligado a aumentar los dígitos de las reproducciones de dicho vídeo cuando superó los 2.147.483.647, pues esta cifra resulta ser el máximo valor para un entero con signo en los sistemas computacionales con arquitectura de 32 bits. En lenguaje de programación un tipo de dato entero puede representar un subconjunto finito de los números enteros. El número mayor posible depende del usado por el dato y la posibilidad (o no) de representar números negativos. Además, los tipos de dato entero disponibles y su tamaño dependen del lenguaje de programación usado, así como la arquitectura en cuestión. Con 32 bits se pueden representar 4.294.967.296 valores positivos (2³²) o valores positivos y negativos comprendidos entre -2.147.483.648 y 2.147.483.647. Los programadores de la plataforma admitieron que nunca pensaron que un vídeo pudiera superar tal número de reproducciones, por lo que tuvieron que actualizar sus sistemas a una arquitectura de 64 bits, lo que significa que para volver a «romper» You-

Tube sería necesario alcanzar el siguiente número estratosférico de visionados: 9.223.372.036.854.775.808. Créannos si les decimos que hemos intentado poner por escrito esta cifra pero nos ha resultado imposible. Solo hemos sido capaces de resumirla en un simple «más de 9 trillones de visionados». Tras esta actualización los programadores comentaron que confiaban en que nunca tendrían que volver a hacer un *upgrade* del contador. En nuestra opinión, y viendo el ritmo que lleva todo esto en los últimos años, no nos extrañaría que, más bien prontito, estos programadores acaben teniéndose que comer sus palabras.

Aparte de todo esto, no debemos olvidar lo que generó esta canción fuera de la plataforma, pues ¡hasta las abuelas acabaron tarareándola! Esto nos enseña que no solo los virales de Internet se quedan en Internet, sino que muchas veces van más allá. «Opa, Gangnam Style».

Otro caso muy curioso, y divertido, que merece la pena destacar es el del *Harlem Shake*, ¿recuerdan? Fue uno de los primeros fenómenos que se viralizó allá por 2013 y consiguió que todas las oficinas a lo largo del planeta hicieran su propia imitación a ritmo de «Con los terroristaaaaaaaas». Es un meme que tiene su origen en una canción de Baauer, DJ y productor estadounidense, que se lanzó en 2012. Fue un año más tarde cuando *The Power of the Internet* consiguió colocar la canción en lo más alto del Billboard Hot 100, una lista con los cien sencillos más vendidos de Estados Unidos, y logró posicionar a este productor de manera sólida en el panorama musical. ¿Y todo esto por qué? Muy sencillo. A finales de enero de 2013 el *youtuber/blogger/*cómico estadounidense Filthy Frank (como ven, los *youtubers* son muy polifacéticos y valen para todo) subió un vídeo de treinta segundos a YouTube en el que salía disfrazado junto a tres amigos. Al ritmo de la canción, que seguía un tono ascendente, ellos movían sus cuerpos de manera sutil y más o menos delicada. Sin embargo, al entonar «Do the Harlem Shake», los movimientos de los cuatro chicos se volvían convulsos, como locos. Este creador ya gozaba de cierta popularidad en aquella época y, como la base de YouTube es la interacción con los seguidores, muchos de ellos se animaron a imitar esos movimientos. Además este meme es percibido de manera cómica por el usuario gracias al contraste extremo entre sus dos partes. Su breve duración facilita la repetición del vídeo (uno de los pilares del éxito de YouTube), pues, como dice el refrán, lo bueno, si breve, dos veces bueno. A modo didáctico, y para que podamos comprender la repercusión que tuvo este vídeo, señalaremos que tan solo nueve días después de aparecer publicado en el canal de Filthy Frank se habían subido a YouTube 11.000 versiones del mismo, que generaron más de 44 millones de visualizaciones. Este fenómeno nacido en Estados Unidos se extendió como la espuma por Europa, América y Asia, sin necesidad de traducción, únicamente hablando en el lenguaje de Internet. Y así, amigos, es como se consigue romper las barreras y se convierte algo en un fenómeno transcultural.

Ahora vayamos a por los clásicos, los vídeos que marcaron una época y que ya han pasado al pequeño olimpo de YouTube. Si no conocen al menos la mitad de ellos, es que aún les queda mucho por aprender sobre este mundillo. Además de vídeos de gatetes y de niños haciendo monadeces, YouTube y su historia se han visto muy influenciados por vídeos como los que les vamos a comentar ahora.

Comencemos por *David after Dentist*. ¿A quién le gusta ir al dentista? Creo que podemos asegurar que a la mayoría de nosotros no nos hace demasiada gracia. ¿Y quién no se ha quedado luego muy atontado con la anestesia? En este vídeo podemos ver a David un poco colocado después de la visita. «No veo nada», le dice David a su padre, como si acabara de salir de un after.

Charlie Bit my Finger-Again! Es otro clásico. En este viral podemos observar a dos niños, suponemos que hermanos, con acento británico entonando algo como «Choli bit meh» (Charlie me ha mordido). Observamos de manera clara que el primogénito se estaba buscando el mordisco cuando introdujo el dedo en la boca de su hermanito «Choli».

Parece que nos encanta ver vídeos de niños, no solo de gatitos, ¿eh? Pero hay más. ¿Quién no se acuerda de la tediosa Rebeca Black y su *It's Friiiiiidaaay, Friiiiidaaaay*? Pues eso, la «canción» más amada y odiada al mismo tiempo en toda la historia de YouTube. En la misma tónica musical tenemos *Evolution of Dance* (un «fósil de 2006» en términos youtuberianos), un vídeo en el que el cómico Judson Laipply nos enseña la evolución del baile, en su estilo personal, al son de los mejores hits del siglo XX.

Tirando para el ecosistema patrio, se puede considerar *Contigo no, bicho*, como el primer hit viral autóctono surgido completamente de la nada. Este vídeo gozó de gran popularidad entre los adolescentes y jóvenes (e incluso algún que otro adulto) del año 2008, juntándose con la llegada de las redes sociales y la popularización de Tuenti, una red social patria, ahora ya en proceso de defunción, que gozó de cierta popularidad en España antes de la llegada de Facebook. En el mismo un tipo en calzoncillos habla de la negativa de una fémina a mantener un contacto íntimo con él. Él la denomina a lo largo del vídeo como «Chewaca» e «hija de una hiena» tras el trauma que le produce esa actitud de rechazo. Una actitud que, al parecer, dicha fémina manifestó de manera muy locuaz y que dio origen al título del vídeo. En fin, situaciones cotidianas de la vida real que le suceden a gente normal y corriente con la que empatizamos de manera extrema al pensar que a nosotros también nos ha sucedido algo similar en alguna ocasión. Si hay aquí algún hombre al que no le haya pasado algo parecido, que levante la mano. En el ámbito musical, y siguiendo con lo patrio, nos encontramos con el viral de Zorman y su *Soy Cani* (2012). *Soy Cani* es una parodia musical sobre el estilo de vida «cani» (se podía intuir por el título, ¿no?) encarnada por un personaje llamado «Su_morenito_19». ¿Quién no ha oído alguna vez «Yo soy cani, cani, cani»? Les recomendamos que le echen un ojo a este vídeo: a buen seguro que disfrutarán un rato. Por cierto, fue el vídeo más visto en España ese año en YouTube.

Obviamente, esta selección de virales la hemos realizado acorde a nuestras opiniones y gustos personales y no solo en función del número de reproducciones (que a buen seguro unos cuantos vídeos habrá que hayan sido más vistos). Hemos querido destacar algunos de los que consideramos que más impronta han dejado en nuestro entorno y por ello los hemos catalogado como clásicos. Porque un viral no es solo un vídeo que tenga muchas visitas (que también), sino uno que realmente haya conseguido estar en boca de miles de personas. Un vídeo que haya sido objeto de charla y comentario entre grupos de amigos, en plan:

—Tío, ¿has visto esta pasada de vídeo?

—Sí, tío, lo vi ayer. Mola.

Sigamos adelante, que aún nos queda mucha tela que cortar. ¿Se acuerdan de cuando comentábamos que Adele fue descubierta en MySpace? Pues otra de las supermegaestrellas del pop actual tampoco podía quedarse atrás. Nuestro querido Justin («Yastin» o «Justino» para los amigos) también fue descubierto en YouTube. En efecto, el que probablemente sea ahora mismo el mayor fenómeno de masas planetario e ídolo de millones y millones de adolescentes fue descubierto en 2007, cuando YouTube contaba dos escasos años de vida. Justin, pionero en el uso de la plataforma, nunca pudo ni imaginarse lo que le iba a caer encima. Un director de marketing llamado Scooter Braun se encontraba navegando en la web buscando vídeos de cantantes (de estilo totalmente diferente a Justin, por cierto) hasta que se topó con uno que había colgado su madre. Era de una pequeña audición de un colegio, y en él aparecía Justin. Scooter quedó fascinado al verlo. Se cree que gran parte del éxito masivo y de la fidelización de Justin hoy en día es debido a la conexión que en su día creó con los fans a través de su canal de YouTube, el cual sigue en activo. En aquel entonces consiguió crear uno de los primeros *fandoms* (conjunto de fans) y también uno de los más grandes habidos hasta ahora. Ellos mismos se otorgaron el nombre de *beliebers*, una mezcla entre *believe* («creer») y «Bieber». Una denominación que refleja perfectamente uno de los objetivos de todo esto: si crees, puedes. Esto es lo que le ocurrió a este chico canadiense. Antes y después de sacar su primer álbum en solitario Justin continuaba subiendo vídeos a YouTube para estar conectado con sus fans. También fue de los primeros en participar en redes sociales, que manejaba personalmente (dato muy importante) para poder interactuar con sus fans. Podríamos resumirlo en algo así como: cuida a los que te dan de comer y a la gente por la que estás arriba, porque cuanto más alto estés más grande será la hostia que te des si no lo haces. Cuidar a tus seguidores es la base del éxito de cualquier *influencer* digital o *youtuber*.

Cómo empezar en YouTube

Antes de nada nos gustaría recalcar el hecho de que no existe una fórmula mágica e infalible para triunfar en YouTube. Ahora bien, sí que es verdad que existen ciertas pautas comunes a todos los *youtubers* de éxito, las cuales pueden ayudar a atraer más audiencia en un momento dado. Pero recetas mágicas no hay.

Por supuesto, debe quedar claro que la creación de un canal en YouTube debería ser resultado de un proceso natural, de algo que nos apetece por el mero placer de hacerlo. No habría que verlo nunca como una obligación, una ambición profesional o algo pesado con lo que lidiar de manera recurrente. Sinceramente, si esto último ocurre es mejor ni empezar, pues a buen seguro que ese canal estará condenado al fracaso. Es muy importante subrayar que *nunca* debemos comenzar en YouTube por motivos económicos ni con un ansia o una obsesión por conseguir seguidores. El éxito en YouTube viene con el tiempo, el esfuerzo, la constancia (esta desempeña un gran papel), la empatía y la originalidad. En resumen, hazlo porque te gusta. Si ofreces un buen contenido y eres feliz haciéndolo conseguirás hacer feliz al resto. Esto puede parecer una *boutade*, pero es la verdadera clave para tener éxito algún día si el contenido, las circunstancias y la suerte nos acompañan. YouTube es una plataforma que puede llegar a consumirnos. Si uno no está feliz y satisfecho al cien por cien con lo que sube, a buen seguro que acabará decepcionándose y finalmente desistirá. A muchos ya les ha ocurrido en el pasado y a muchos les va a suceder en el futuro. Y es que otra de las características consustanciales a YouTube es que esta plataforma te lo puede dar todo desde la nada, pero también quitártelo prácticamente de un día para otro.

Dicho esto, lo primero y fundamental es abrir una cuenta en YouTube. Dicha la perogrullada, lo siguiente es elegir un nombre o apodo. Este tiene que gustarle a uno mismo, pero también ser atractivo para la audiencia. Pensemos que si luego la cosa va bien es interesante darnos a conocer con un nombre del que no nos vayamos a arrepentir. Esto ya lo hemos advertido con anterioridad. A continuación hemos de diseñar un *banner* y un avatar en concordancia con la «marca», el estilo del contenido que queramos producir para YouTube.

Vale, entendido, lo tenemos claro... ¿Y ahora qué? Pues ahora lo más importante es que si de verdad queremos que nuestro canal tenga posibilidades a medio y largo plazo hemos de aplicar una estrategia meridianamente sólida, diáfana y consistente respecto a los contenidos. Una estrategia que nos permita generar «piezas» identificables para la audiencia durante un periodo muy extenso (o «ilimitado», a ser posible) en el tiempo. Por si no hemos sido lo suficientemente claros, no nos estamos refiriendo tanto a la periodicidad de subida de vídeos como a la visibilidad, continuidad y viabilidad del canal en el futuro.

Conviene recordar que, más allá de pensar y planificar el largo plazo de nuestro canal, lo más importante es estar satisfechos con el contenido que vayamos produciendo. Si uno no es feliz con lo que produce, la audiencia acabará dándose cuenta y ese será el principio del fin de nuestro canal. Puede que esto parezca una cosa algo banal, pero no es así. La audiencia, más pronto que tarde, comenzará a percibir, a través de nuestra manera de comunicarnos con ella, el grado de autenticidad de nuestro contenido, su fidelidad a nuestra propia persona o incluso si nos hemos convertido en meros «bustos actuantes», personas que siguen subiendo vídeos como un mero medio de vida. Lo fundamental para captar audiencia y retenerla es ser original y auténtico. Y si encima el tipo de contenido que ofrezcamos no ha sido aún visto en YouTube, miel sobre hojuelas. Esto último, dada la gran cantidad de contenidos disponibles, que encima van en aumento, no es tarea fácil. Por tanto, si encontramos ese nicho nuestras probabilidades de triunfar en YouTube serán mucho mayores.

Además de la optimización en el diseño existen ciertas pautas que tenemos que tener en cuenta a la hora de generar nuestro contenido. Si bien hemos comentado que las ideas tienen que ser lo más tipo «nicho» y/u originales que sea posible, para destacar entre la multitud (más de trescientas horas de nuevos contenidos por minuto cada día), cabe resaltar que existen una serie de principios fundamentales para conseguir una audiencia sostenible a largo plazo. Hablaremos de ellos más adelante, pero antes señalaremos que el proceso para conseguir fans leales que nos sigan a lo largo del tiempo consta de tres etapas:

1. Que el *youtuber*, como creador, se mantenga feliz y sea capaz de transmitir algo con su contenido.

2. Ganar audiencia de manera progresiva.

3. Mantener a esa audiencia satisfecha y contenta con los contenidos. De esta manera se realimentan los dos pasos anteriores.

¿Qué es importante a la hora de hacer vídeos? Por encima de la calidad, lo que cuenta es saber contar historias y ser capaz de empatizar e interaccionar con la audiencia. La calidad del vídeo *sí* es importante, tener una buena iluminación, una buena calidad de sonido... Pero no lo es todo.

A la hora de diseñar nuestro canal de YouTube es muy importante que tengamos un *branding* (marca personal) muy consistente en nuestro *banner* y en nuestras miniaturas. Tiene que estar en conexión con cómo queremos posicionarnos en la plataforma y cómo queremos ser percibidos por la audiencia. Al fin y al cabo cada *youtuber* es una «marca» a la cual se puede identificar por diferentes parámetros como su diseño, su saludo, su imagen personal... El *banner* es el arte del canal, el diseño que los usuarios encontrarán al acceder a nuestro canal.

En relación al diseño es fundamental que sea consistente a lo largo del tiempo, que tenga colores que resalten y/o capten nuestra atención y, si tenemos un logo, que transmita alguna emoción o sentimiento (por ejemplo humor o simpatía). Obviamente, hemos de tomar en consideración que nuestro diseño tenga una continuidad y una coherencia con el patrón de las futuras miniaturas de nuestros vídeos, de las que hablaremos a continuación.

Las miniaturas son las imágenes que ilustran el contenido de cada vídeo y que se pueden visualizar antes de clicar en ese vídeo. El diseño de la miniatura es uno de los procesos clave para la mayoría de creadores, ya que hacerlo bien y de forma atractiva puede ser una de las llaves del éxito, pues sirve para atraer un mayor número de reproducciones en ese vídeo. Hay que recalcar que la miniatura tiene que saber reflejar qué hay en el vídeo. Y por supuesto, de ninguna manera ha de ser engañoso para aumentar el número de visionados. Por ejemplo, no podemos incluir una miniatura de una chica con el pecho al descubierto para que la gente entre a verlo, si en realidad nuestro vídeo es un *gameplay* del Tetris. La audiencia puede que pique en la primera ocasión, pero a buen seguro que al cabo de unos segundos desistirá de seguir viéndolo. No solo eso, sino que probablemente no vuelva a intentar visualizar un vídeo nuestro nunca más. Engañar es algo que afectará de manera negativa a nuestro posicionamiento y al de nuestros contenidos, ya que YouTube no posiciona los vídeos según volumen de visitas, sino por retención de audiencia. Pero esto ya lo explicaremos un poquito más adelante. De momento prosigamos con lo básico.

Existen canales de éxito en Estados Unidos que diseñan antes la miniatura que el guion. Esto da una idea de la importancia de los pequeños factores que pueden contribuir al triunfo. Las miniaturas se consideran la representación de un creador en cualquier página de YouTube, sea en la de inicio o dentro de una lista de vídeos relacionados. En resumen, una miniatura atractiva y consistente puede atraer muchos clics y, por consiguiente, mucha audiencia nueva.

Otro matiz a tener en cuenta para diseñar las miniaturas es la realidad multiplataforma existente. Un mismo vídeo puede ser visto tanto desde un *smartphone*, donde la pantalla no es tan grande, como en una tableta o en un PC. Por tanto, hay que asegurarse de que las miniaturas llamen la atención en cualquiera de los dispositivos en los que YouTube se encuentra disponible.

Ahora que ya tenemos un *banner* muy bonito y colorido, de esos que llaman la atención, además de un logo y unas miniaturas geniales, que definen nuestra identidad como creadores, ¿qué nos queda por hacer? Aún hay un par de consejos más. El primero, que para finalizar un buen canal de YouTube en «fase beta» o «en construcción» debemos añadir una descripción en la sección «Sobre». Aquí informamos a la gente, en líneas generales, de lo que pueden encontrar si se suscriben a ese canal de YouTube. Es importante dar la máxima información posible para que sea consistente con los metadatos, que explicaremos dentro de muy poco. Además, es interesante añadir un tráiler del canal. Tiene que mostrar en poco tiempo lo «guay» que es el contenido de nuestro canal en YouTube y tiene que animar a la gente a suscribirse. Es como un vídeo de bienvenida para usuarios que no están todavía familiarizados con el canal y, por tanto, tampoco están suscritos. Debe ser de lo primero que aparezca al acceder a un canal. Es recomendable generar una pieza corta y atractiva, como se hace con las películas, que al ver el tráiler nos quedan ganas de ir al cine.

Hemos hablado de los metadatos (*metadata* en inglés). ¿Qué son? Se trata simplemente de la información que nosotros le proporcionamos a YouTube sobre nuestro vídeo y nuestro canal. YouTube es una máquina de búsqueda (recordemos: la segunda más grande de Internet, solo por detrás de Google) que filtra el contenido por un algoritmo que es casi imposible de definir debido a la cantidad de variables por las que se ve influenciado. Existen unos metadatos que podemos establecer como fijos, y que son los que van a describir en términos generales de qué va nuestro canal. Pero otros se van a definir en función del contenido de cada vídeo nuevo que subamos. Los metadatos influyen mucho en el posicionamiento de nuestro vídeo, por lo que tienen que ser muy compactos y explicativos para que nos ayuden a ser descubiertos por el público de manera más sencilla. A ser posible deben facilitarnos también el acceso al listado de vídeos relacionados. Pero los metadatos no son solo útiles dentro de YouTube, sino que también ayudan a mejorar el posicionamiento de un mismo vídeo en otras plataformas, como Google, ampliando así las posibilidades de ser encontrados por cualquier usuario de la red. Resumiendo, cuando subamos una pieza de contenido a YouTube, la plataforma procederá a clasificarla como un simple archivo de vídeo. A través de los metadatos la categorizamos y le «explicamos» a YouTube de qué va el vídeo en cuestión y cómo debe posicionarlo. En ese momento la plataforma empieza a entender de qué va el asunto y qué se puede hacer con ese vídeo.

Los metadatos constan de tres secciones claramente diferenciadas entre sí: título, descripción y *keywords* o tags del vídeo.

El *título*. Para dar con uno idóneo es importante ponernos en la piel del usuario y pensar si nosotros mismos clicaríamos en un vídeo con tal o cual título. Si no es lo suficiente atractivo para nosotros, es probable que tampoco lo sea para nuestra audiencia. Parece lógico, ¿no? Por tanto, conviene pensarse bien el asunto. Hay un par de consejos a la hora de elegir lo que consideraríamos un buen título. En primer lugar, tiene que representar fielmente el contenido. Exactamente igual que con el diseño de las miniaturas, un buen título puede aumentar el número de visualizaciones, pero recordemos que no hemos de engañar a la audiencia, tanto la actual como la potencial que pueda estar interesada en el canal a corto y medio plazo. Además, si el título no representa fielmente el contenido, la audiencia no visualizará el vídeo entero y empeorará nuestro posicionamiento en la plataforma. Conviene utilizar palabras clave que estén relacionadas con la industria y con el contenido que estés produciendo. Esto sí ayudará a mejorar nuestro posicionamiento.

La *descripción*. Cada vídeo tiene a este respecto dos modalidades: contraída y expandida. Es importante escribir una descripción breve del contenido de nuestro vídeo para darle a YouTube esa información y que la procese de forma adecuada. La descripción nos da la posibilidad de escribir muchos caracteres, pero el enfoque principal debería consistir en concentrar la información más relevante en las dos primeras líneas, que son las que se ven en el primer vistazo (esta es la manera contraída).

¿De qué debe constar una descripción? Pues de los siguientes elementos:

- Un resumen del vídeo muy concreto en las dos primeras líneas.

- Un breve comentario sobre nuestro canal al final.

- Una llamada a la audiencia para que se suscriba a nuestro canal.

- Enlaces a otros vídeos parecidos y/o a otras listas de reproducción de nuestro canal que creamos puedan generar interés a la audiencia.

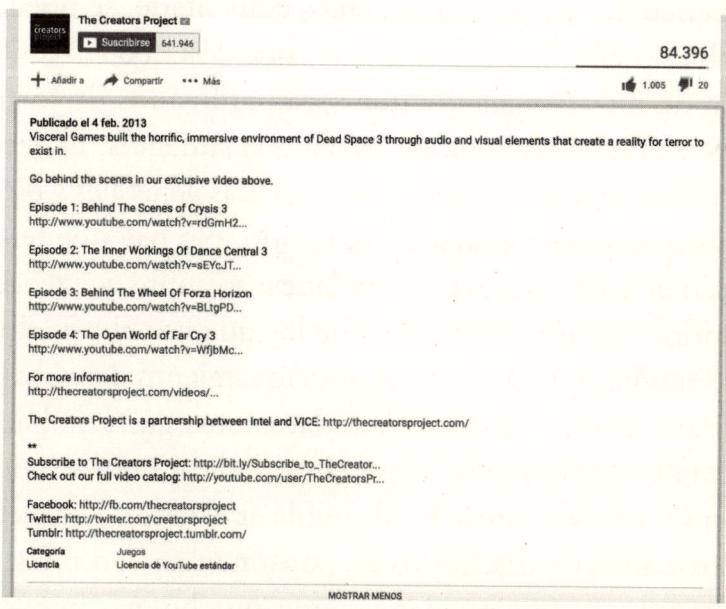

Ejemplo de descripción expandida

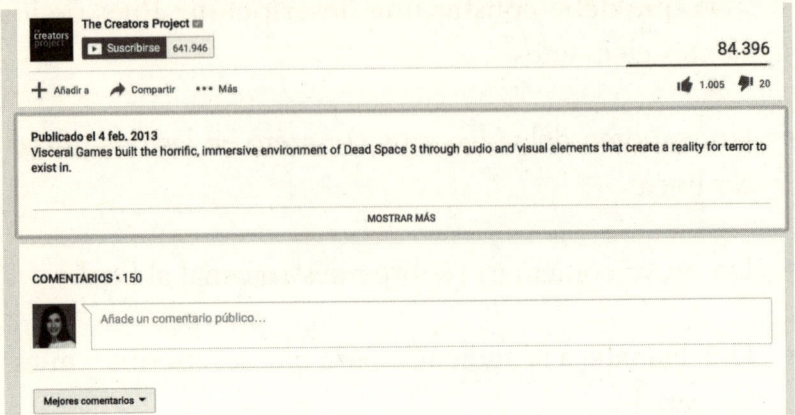

Ejemplo de descripción contraída

Los *tags*. Son las palabras clave que describen el contenido que hay en el vídeo y que van a ayudar a nuevas audiencias potenciales a encontrar lo que hemos colgado en la plataforma. Como ya hemos comentado, se pueden establecer ciertos *tags* por defecto que describan el contenido de nuestro canal y que serán aplicados de forma directa en cualquier vídeo nuevo que subamos. Es recomendable incluir una mezcla de *tags* más generales y otros más específicos para cada contenido. No hay que tener miedo de usar los *tags* en abundancia, siempre que tengan sentido, teniendo en cuenta que los que van al principio tendrán más relevancia en el posicionamiento del vídeo.

Para finalizar con los metadatos, nos gustaría hacer hincapié en que es muy importante dedicar unos minutos a pensar en todo esto antes de publicar el vídeo. Los metadatos conviene diseñarlos en consonancia con nuestro contenido, ya que pueden generar mucho más impacto sobre nuestro vídeo y por consiguiente ayudarnos a ganar más seguidores, lo que a su vez puede lanzar una carrera sostenible a largo plazo. Y por supuesto, hay que recalcar el hecho de que los metadatos tienen que ser compactos y mantener una coherencia interna entre las tres secciones señaladas.

Debemos hacer hincapié en lo más importante de todo: «hazlo porque de verdad te gusta». Esta es la piedra filosofal para alcanzar el éxito en YouTube. Sin seguir este consejo, no hay tu tía, por decirlo llanamente. Si algo de verdad nos gusta y nos apasiona, es muy probable que seamos capaces de *inspirar* a nuestros seguidores y mostrarles nuestra pasión o devoción de una manera natural y auténtica. Es muy importante ser siempre uno mismo. Los personajes y las falsas identidades acaban quemando. Para conseguir ser *sostenibles* a largo plazo debemos estar llenos de inspiración, porque esto nos mantendrá con fuerza y energía en la carrera de fondo que es YouTube. No debemos olvidar preguntarnos si vamos a ser capaces de seguir ofreciendo ese mismo contenido con el paso del tiempo.

Ahora que ya tenemos muy claros estos dos elementos previos, inspirar y ser sostenible, y que la parte de *Be Happy* la tenemos más que repasada, vamos a ver si de verdad uno es capaz de conseguir seguidores. Cosa, queridos lectores, que no es nada, pero nada fácil. Decimos esto pensando en aquellos que están en su casa y se dicen a sí mismos: «¿Los *youtubers* esos se graban en su cuarto y ganan dinero? Qué fácil. Voy a hacerlo yo también». Llegar al gran público no es tan sencillo, por lo que debemos tomar en consideración cuatro requisitos fundamentales para emprender nuestro camino e intentar tener éxito en la hazaña.

1. Lo primero es preguntarse si nuestro vídeo es *compartible*. La mejor manera de aumentar el número de nuestros seguidores es el boca a boca («¿Has visto el nuevo vídeo tan guay de...?»). Otra forma es que el vídeo se comparta en redes sociales, llegando así a nuevas audiencias. Pensemos una cosa: si el vídeo no fuera nuestro ¿lo compartiríamos en las redes sociales? ¿Por qué? ¿Es interesante y/o divertido y/o útil? ¿Qué es lo que queremos comunicar a la gente? Este es el tipo de preguntas que nos debemos hacer a nosotros mismos antes de producir una pieza de contenido.

2. Hay que ser *colaborativo*. Es decir, conviene comunicarse e incluso trabajar «en equipo» con otros usuarios de la plataforma que hagan el mismo tipo de vídeos que nosotros o con los que compartamos un objetivo. Podemos realizar con estas personas un intercambio que resulte positivo para las dos partes. Así lograremos exponer nuestro contenido a nuevas audiencias y hacer que se sientan atraídas por lo que producimos.

3. El contenido debe ser *accesible* a nuevas audiencias. En el caso de que un espectador nuevo acceda a uno de nuestros vídeos, puede suceder que esa persona no sea capaz de entender el vídeo al cien por cien. Hay que procurar que esto no ocurra, que cada vídeo pueda ser visionado sin tener que ver ningún otro de los producidos con anterioridad. En el caso de que no sea así, debemos poner en situación a la nueva audiencia con antelación, es decir, avisar.

4. Sea *descubrible* y elabore vídeos que sean noticia. Hable sobre temas que estén en auge en el momento, los conocidos *tentpole events*. Así su canal será más propenso a ser encontrado por nuevos fans. Un ejemplo arquetípico de *tentpole events* es la celebración de Halloween. Se trata de una de las mayores festividades del año en los Estados Unidos y cada vez más en Europa y el resto de América, de manera muy especial entre los adolescentes y los niños. El número de reproducciones en esas fechas del año aumenta considerablemente, sobre todo en lo que se refiere a vídeos que hablen de recetas, maquillajes o disfraces. Si planea su estrategia de contenidos partiendo de ciertos *tentpole events* del año, sus reproducciones aumentarán de manera considerable.

Llegados a este punto, somos felices con nuestro contenido y estamos en proceso de atraer a la audiencia. Ya lo tenemos todo hecho entonces, ¿no? Pues no, amigos, ni mucho menos. Lo más difícil de YouTube no son solo los comienzos, sino mantener a nuestra audiencia fidelizada a largo plazo. Es el círculo virtuoso del «Yo feliz, atraigo audiencia, mantengo a la audiencia feliz, yo feliz...». Para conseguir esto debemos estar muy pendientes de las analíticas de nuestro canal de YouTube y ser capaces de identificar qué es lo que funciona y qué no en cuanto a contenidos se refiere. ¿Cómo se hace eso? Aquí le damos algunas claves:

1. *Converse* con su audiencia. Esto es en realidad casi lo más importante y una de las bases del éxito de YouTube. A través de los comentarios y de los «me gusta» la audiencia es capaz de expresar su opinión sobre un vídeo o sobre un canal en general. La interacción es muy importante y nos ayuda a posicionar mejor nuestros vídeos en el algoritmo. Háblele a su audiencia a través de la cámara y converse con ellos a través de los comentarios. También es conveniente ampliar este diálogo a otras redes sociales para incrementar la interacción. Conozca a su público y sea consciente de a quién van dirigidos sus vídeos, quién y cómo es el tipo de usuario que le ve en la plataforma.

2. Sea *consistente*. Este es un *must* para conseguir una audiencia leal en YouTube. Ofrezca un formato sólido e intente mantener un horario y unos días regulares en los que sube sus vídeos (somos animales de costumbres, recuerde). Comuníqueselo a su público con la suficiente antelación para que sepa cuándo debe esperar ver un vídeo nuevo. Cree su propia frase, a modo de saludo, con la que siempre contacte y haga un guiño a su audiencia. Haga que su público se sienta especial. Es una manera de generar una fidelidad muy alta en YouTube. «Bon día, amores», «Hola, ¿qué tal, guapísimos?, ¿Hey, ¿qué tal, chavales?», «Muy buenas. ¿Qué tal, criaturitas del Señor?» son algunas de las coletillas de los *youtubers* de más éxito de España y que ya forman parte del vocabulario habitual de los adolescentes de nuestro país.

3. Por último, pero no por ello menos importante, sea *interactivo*. Interactúe con su audiencia, deje que formen parte de lo que le está sucediendo. Haga que su canal no sea solo suyo, sino de todos sus suscriptores. Así, cada meta u objetivo que alcance será percibido como un logro común. Lo cual, en realidad, es además lo cierto. Anime a su público a dejar comentarios con opiniones, que le den ideas sobre el tipo de vídeos que les gustaría seguir viendo. Redirija a su audiencia hacia vídeos antiguos mediante anotaciones (sistema de enlazamiento de un vídeo a otro) y responda a sus comentarios para fomentar esa interactividad.

CAPÍTULO 7
PERO... ¿Y ESTO DA DINERO?

A buen seguro que este es uno de los apartados que más expectación suscita entre los lectores que han llegado hasta aquí. Y la respuesta es: ¡Pues sí! Claro que da dinero. Aunque no tanto ni a tantos como se dice por ahí.

En la actualidad, y dentro del panorama de la cultura española e hispanoamericana, la realidad es que solo unos pocos *youtubers* son capaces de vivir profesionalmente de su canal o combinando los ingresos de YouTube con otro tipo de acciones relacionadas con su presencia multiplataforma en las redes sociales, además de acciones *offline*. En este capítulo hablaremos del proceso de monetización del contenido en YouTube y de cómo se generan acciones comerciales a través de estos líderes de opinión. Pero antes debemos hacer mención a cuatro actores con los que conviene familiarizarse para entender de manera adecuada todo este proceso:

1. La audiencia que acude a YouTube y que escoge su reproducción de contenidos.

2. Los *partners* o creadores que producen y suben contenido en la plataforma, monetizándolo.

3. Los anunciantes que generan el flujo de ingresos a través de la compra de anuncios y patrocinios.

4. Y por último tenemos a la propia YouTube, que ofrece la plataforma donde la audiencia, los creadores y los anunciantes acaban interactuando entre sí.

¿Cómo es la interactuación de estos cuatro componentes? Muy sencilla. Echémosle un vistazo al siguiente gráfico:

La relación entre los principales actores de YouTube

Es decir, YouTube actúa como denominador común entre todos los demás actores. Reúne a los anunciantes, interesados en publicitar sus productos o servicios, con los creadores que generan el contenido que la audiencia desea visualizar, es por eso que se queda con la mayor parte del pastel (esos servidores no se pagan solos). Cada vez hay un número mayor de empresas que toman en consideración a YouTube y a otras plataformas digitales a la hora de elaborar sus campañas y sus presupuestos, en especial si el *target group* (grupo objetivo o conjunto de personas en el que posicionas la venta o el uso de tu producto o servicio) al que pretenden dirigirse es joven.

En esencia, hay tres formatos básicos de anuncios. En el dibujo vemos, de izquierda a derecha, *display*, *in-video*, *in-stream*:

Cada clase tiene sus características, como veremos a continuación:

1. *In-stream* son los anuncios que aparecen antes, durante o después de cada vídeo (también denominados *pre-rolls*, *mid-rolls* y *post-rolls*). Dentro de ese formato existen a su vez diferentes categorías según características, a saber; *standard*, s*elect* y *trueview*.

2. *In-video* (también conocidos como *Overlay Ads*) son los anuncios en forma de textos/banners que aparecen dentro del *player* o reproductor de vídeo. Se pueden cerrar a golpe de clic. Una aclaración: un *banner* es un formato publicitario en Internet. A través de este podemos redirigir los esfuerzos publicitarios a la web del anunciante. Suele tener forma rectangular.

3. *Display* son los anuncios en forma de texto o vídeo que aparecen al lado del *player*. Este tipo de anuncios solo está disponible en YouTube y no si estás reproduciendo el vídeo a través de una inserción (*embed*) desde otra página web.

Las diferencias entre estos tres formatos son su coste y la posibilidad que puede tener el usuario de saltarse el anuncio o no. También se diferencian por su sistema de venta, que puede ser reservado o a través de subasta. No vamos a entrar mucho más en detalles, ya que algunos datos son confidenciales y tampoco queremos aburrir aquí al personal. Solo vamos a dar un poco más de información para que el lector pueda luego presumir de sus conocimientos.

El formato más popular en YouTube es el *trueview in-stream*, ya que puede ser ignorado a los cinco segundos de su comienzo y no obliga al usuario a verlo íntegramente, lo que evita reacciones negativas. Se puede considerar que aproximadamente dos tercios de los ingresos que se generan provienen de este formato

Como ya hemos mencionado, los anuncios *in-video*

pueden cerrarse a golpe de clic en el momento en que se desee. Mucha gente opina que son algo molestos para el usuario, ya que interfieren en la pantalla mientras el vídeo se está reproduciendo. Por redondear, diríamos que en torno a un sexto de la monetización tiene este origen.

Los anuncios *display* aparecen a la derecha del *player* cuando el vídeo no se encuentra en el modo de pantalla completa. No pueden cerrarse o saltarse, pero podemos hacer clic para visitar la página del producto que se anuncia o intentar no prestarles atención. Este anuncio tiene forma de *banner*. Dentro de los *display* también nos podemos encontrar con los llamados anuncios *trueview in-display*, que aparecen en forma de miniatura también a la derecha del *player* de YouTube. Con un solo clic en el botón *play* de la miniatura se puede acceder al anuncio. Obviamente, esta modalidad es la que genera el sexto restante de ingresos.

Antes de entrar de lleno en la materia y explicar los parámetros y fases de la monetización, queremos advertir de que estos procesos únicamente serán posibles siempre y cuando el usuario que consuma ese contenido no tenga ningún programa de bloqueo de anuncios instalado en su dispositivo. Estos programas eliminan cualquier tipo de publicidad, no solo de YouTube, sino de cualquier página web o *site* que visitemos. Para que se hagan una idea, imagínese que va con su coche por la carretera y normalmente se encuentra vallas publicitarias con anuncios de cualquier índole, con el uso de estos programas, esas vallas estarían vacías. El uso de estos programas afecta de manera muy negativa a las personas que viven puramente de los ingresos de sus cuentas de Internet, ya sea en YouTube o en un blog convencional. En el caso concreto de los *youtubers*, hace que el porcentaje de visitas con las que ganan dinero disminuya drásticamente.

¿Cómo se monetiza cada visita?

El proceso de monetización de la reproducción de un vídeo (o sea, cada visita) en YouTube consta de varias etapas concatenadas. Es lo que se conoce en el mundillo como «EARS Funnel». Dichas etapas vienen capacitadas por YT y siguen este esquema:

ENABLED → ALLOWED → REQUESTED → SERVED

Enabled (que se podría traducir en castellano como «etapa de capacitación») es el momento en el que se habilita la monetización del contenido. Lo que debemos preguntarnos es si el *partner* cuenta con un vídeo apropiado para ser monetizado, si tenemos la licencia completa sobre ese vídeo y si debemos habilitar todos los formatos de anuncios que deseemos que aparezcan en ese vídeo.

Allowed (podríamos llamarlo la «etapa de aprobación») es la fase en la que se permite que el anuncio monetice. Hay que tener en cuenta si el país donde el usuario va a ver mi vídeo tiene activa la monetización, si las plataformas desde donde se consume también monetizan y si su duración supera los treinta segundos para poder activar los anuncios *in-stream*, que son los que dan buen dinero.

Requested («etapa de solicitud») es la fase durante la cual se solicita que el anuncio sea activado. Aquí habría que tener en cuenta si los anuncios son de reserva o de subasta y si el *partner* ha bloqueado algún anunciante o categoría de anuncio. En efecto, esta parte también se puede customizar. ¿Qué se habían pensado?

Served («etapa de activación») es la última fase y comprende el procedimiento mediante el cual el anuncio es «servido» o activado.

De esta forma, y únicamente en el caso de que todas las respuestas a las diferentes etapas hayan sido resueltas de manera afirmativa, es como el anuncio aparecerá a disposición de la audiencia. En función de todo lo anterior, de la combinación de formatos de anuncios que se haya producido y del coste de cada campaña, se determina finalmente el famoso *Cost per Mile* o CPM, que sería la retribución bruta que YouTube percibe por cada 1.000 visitas monetizadas (esto es, que han generado ingresos). Este último matiz es muy importante. Mucha gente cree que el CPM es una ratio calculada sobre el total de visitas, y no es así: solo cuentan las que se monetizan.

En realidad el CPM final depende de dos factores:

1. El *Monetized Playbacks*, o MPB, que representa la cantidad de reproducciones que han sido monetizadas. El porcentaje de MPB sobre el total de las visualizaciones suele variar de acuerdo al tipo de contenido y al país desde el que se ve el vídeo. Por ejemplo, las semanas previas a las fiestas navideñas aumenta mucho el núme-

ro de anuncios emitidos y por tanto el MPB, mientras que en los meses estivales se produce el fenómeno contrario. A veces el número de MPB se ve drásticamente afectado por legislaciones locales. Incluso existen países donde YouTube no monetiza, como es el caso de Venezuela, Bolivia, Costa Rica, Cuba, El Salvador, Ecuador, Honduras o Nicaragua, por citar algunos de habla hispana.

2. El *mix* o combinación de las visitas en función de su origen geográfico, pues los CPM varían muchísimo de un país a otro en función de diversas variables, como, por ejemplo, la inversión publicitaria, el PIB *per capita*, el poder adquisitivo y el número de visualizaciones con respecto al tamaño total de la población del país. Así, por ejemplo, los países en los que el CPM es más elevado son tradicionalmente los anglosajones, y esto es debido a que los presupuestos de inversión en medios digitales son mucho mayores que en el caso de los países hispanoparlantes, generando incluso más tráfico que los anteriores. Las MPB se pueden ver afectadas drásticamente por la ubicación de la visualización, ya que hay países en los que YouTube no monetiza, como ya mencionamos en el párrafo anterior.

Además de todo lo expresado, hay que tomar en consideración que de esas cantidades YouTube se queda el 45 por ciento y que las *networks* o MCN (de las que hablaremos en el próximo apartado de este capítulo) de media se pueden quedar con otro 30 por ciento, de tal forma que de esas cantidades brutas al final al *youtuber* le resta neto un 25 por ciento aproximadamente.

Veamos un ejemplo, en plan didáctico, de lo que acabamos de explicar para así entender mejor el funcionamiento de YouTube. Imaginemos que tenemos tres *youtubers*, un chino, un español y un estadounidense (como en los chistes) y que cada uno recibe 1.000 visitas en un mes en su canal, las cuales proceden todas de sus respectivos países de origen. Para no liar las cosas, el porcentaje de MPB es el mismo en los tres los casos. Pues bien, mientras que al chino, después de que YouTube y la *network* hayan recogido su parte, le llega un ingreso neto de X euros por sus 1.000 visitas desde China en un mes cualquiera, para el *youtuber* español, sin embargo, lo más probable es que por sus 1.000 reproducciones desde España le den un importe que multiplique por 8 el del chino. Y el natural de los Estados Unidos puede llegar a percibir una cantidad de hasta 60 veces la del chino por sus visualizaciones estadounidenses. No, no les estamos tomando el pelo: esto funciona tal cual se lo acabamos de contar.

¿Qué pasa? ¿No ha quedado claro? ¿Ponemos algunos números para ver si se entiende mejor? Venga, a ver si ahora tenemos más suerte. Los ingresos brutos por cada 1.000 visitas que va a recibir el *youtuber* van a ser el producto de multiplicar su CPM (ingresos por cada 1.000 visitas que tienen anuncios) por el MPB (el número de visitas que tienen anuncios) o lo que es lo mismo:

Ingresos brutos por cada 1.000 visitas = CPM x MPB.

En el caso de nuestro chiste —perdón, ejemplo— vamos a imaginar que el MPB es del 25 por ciento para los tres *youtubers*. Esto es, solo una de cada cuatro visitas va a tener que visualizar un anuncio. ¿Hasta aquí todo claro? Si ahora suponemos que el CPM del *youtuber* chino es de 0,1 euros (10 céntimos), siguiendo nuestro ejemplo tendremos que el del español es de 0,8 euros (80 céntimos) y por tanto el de estadounidense es de 6 euros. Ahora podemos utilizar la fórmula que acabamos de exponer más arriba para hacer un cálculo aproximado de los ingresos brutos por cada 1.000 visitas de cada uno de los *youtubers*, de la siguiente manera:

Ingresos *brutos* del *youtuber* chino por cada 1.000 visitas = 2,5 céntimos.

Ingresos *brutos* del *youtuber* español por cada 1.000 visitas = 20 céntimos.

Ingresos *brutos* del *youtuber* estadounidense por cada 1.000 visitas = 150 céntimos (1,5 euros).

Ahora bien, recordemos que por un lado YouTube (45 por ciento) y por otro las *networks* (30 por ciento) se quedan con una parte de esos ingresos (un 75 por ciento en conjunto aproximadamente). Por tanto, el importe neto que finalmente va a percibir cada uno de nuestros *youtubers* será en realidad un cuarto de las cantidades mencionadas:

Ingresos *netos* del *youtuber* chino por cada 1.000 visitas = 0,625 céntimos.

Ingresos *netos* del *youtuber* español por cada 1.000 visitas = 5 céntimos.

Ingresos *netos* del *youtuber* estadounidense por cada 1.000 visitas = 37.5 céntimos.

Si, por último, considerásemos que estos tres *youtubers* tienen un moderado éxito y andan por los 5.000.000 de visitas cada mes, encontraríamos que sus ingresos netos mensuales procedentes de YouTube serían:

Ingresos *netos mensuales* del *youtuber* chino por cada 1.000 visitas = 31,25 euros.
Ingresos *netos mensuales* del *youtuber* español por cada 1.000 visitas = 250 euros.
Ingresos *netos mensuales* del *youtuber* estadounidense por cada 1.000 visitas = 1.875 euros.

Vaya diferencias, ¿no? Así que imagínense ahora cómo se complica todo cuando uno toma en consideración que estamos hablando de audiencias mundiales, donde la única barrera es el idioma, y por tanto la mayoría de estos *youtubers* reciben visitas de decenas de países diferentes, cada uno con sus propios MPB y CPM. Además, tenemos que meter en la ecuación el hecho de que los MPB y los CPM tampoco son iguales entre sí dentro de cada país, sino que para cada caso dependen de muchos otros factores, como la popularidad del *youtuber*, el número mínimo de visitas que garantice y el tipo de vídeos y público que tenga, pues ello atraerá a unos u otros anunciantes. Y hay más factores: la época del año en que se emita el anuncio, la confluencia de *youtubers* que haya, etc., etc., etc... ¿Mejor no seguir haciendo números, verdad? Otro de los factores más importantes es el tipo de contenido, ya que, a mayor oferta de contenido en esa vertical, peor se pagan esos anuncios y viceversa. Un ejemplo muy claro lo encontramos al analizar la diferencia de los CPMs entre contenido de videojuegos y contenido de belleza, que, en el primero de los casos, es mucho menor debido al gran volumen que se sube a YouTube.

En resumidas cuentas, la verdad es que cada canal es un mundo y es muy difícil de determinar y/o comparar volumen de ingresos entre ellos. Depende de la combinación de procedencias geográficas de las visitas, del mes del año en el que nos encontremos, de la inversión publicitaria digital de cada país, del tipo de contenido y de una multitud de factores. Esto hace que haya canales que, incluso teniendo un número similar de reproducciones, obtienen unos ingresos muy dispares. Pero desde luego una cosa si está clara: desde el punto de vista del creador el CPM es una caja negra, un dato que provee YouTube pero que le resulta completamente imposible de contrastar de ninguna manera. Son en todo caso las MCN, de las cuales hablaremos a continuación, las que en nombre y representación del *youtuber* pueden corroborar o ratificar esos datos. Y así es: son lentejas, o las tomas o las dejas.

Igual algunos se han quedado un poco decepcionados con las estimaciones de ingresos que hemos mencionado. Bueno, es lo que hay, no nos hemos inventado nada. Para la mayor parte de los *youtubers* esta es la situación. Obviamente, cuanto más grande sea el *youtuber* mejores condiciones puede llegar a pactar con su *network*, pero en todo caso siempre serán cantidades muy alejadas de las cifras que pululan por ahí. Existen innumerables leyendas urbanas sobre los importes con los que YouTube retribuye a los creadores, pero todas distan mucho de acercarse siquiera a la realidad. Gran parte de esas leyendas urbanas son alimentadas por periodistas *low cost* que sin una investigación de por medio o bien cogen un CPM cualquiera que se encuentran navegando por la red y lo aplican al número de visitas de cualquier *youtuber* que aparece en el contador de su canal, sin más gaitas (no vaya a ser que la verdad arruine un buen titular), o bien se meten en cualquier página web que habla de los ingresos de los *youtubers* sin reparar en que, excepto para el caso de creadores anglosajones, las estimaciones que realizan son extremadamente incorrectas —por elevadas—, ya que las mismas son realizadas con CPM y MPB de los países angloparlantes.

Como ya hemos comentado, es en la franja de edad entre los trece y los veinticuatro años donde radica el mayor impacto de estos creadores. En esta horquilla es donde la audiencia empatiza más con el carácter del *youtuber*. Esto se debe principalmente al hecho de pertenecer a una misma generación en la mayor parte de las ocasiones, con lo que se comparte el mismo tipo de humor y se genera una empatía extra. Muchos de los seguidores consideran al *youtuber* como un amigo con el que comparten su tiempo a través de una pantalla. No solo su contenido es consumido de manera masiva, sino que los *youtubers* son auténticos fenómenos de masas con una credibilidad altísima y una capacidad de movimiento, en algunos casos, inimaginable. Son los líderes de opinión de las nuevas generaciones.

Además de la monetización con la que YouTube retribuye de manera regular a los *youtubers* (recordemos que el dinero que se genera mensualmente a través de YouTube está relacionado con muchos factores y no solo con el volumen de visitas mensuales), estos también son capaces de generar una monetización extra fuera y dentro de YouTube en su calidad de *influencers*. De hecho, solo unos pocos privilegiados, en su mayor parte *gamers*, pueden lograr un sustento económico decente que les permita vivir únicamente de dichos ingresos.

Las cifras de visualizaciones y de suscriptores de los *youtubers* durante estos últimos años, y lo que han sido capaces de conseguir *offline* (miles de ventas de libros, llenar pabellones en países de Latinoamérica, etc...) han llamado la atención de numerosas marcas de gran consumo cuyo producto o servicio está enfocado a los *millennials*. Dado que los *millennials* ya consumen la mayor parte de su contenido audiovisual de manera digital, para un número creciente de los mismos lo que se anuncia por televisión es totalmente desconocido. Sencillamente no existe, así de fácil. Es por ello que muchas marcas han comenzado a ponerse las pilas a toda mecha y a diseñar estrategias digitales de promoción de sus productos. Porque si a estas alturas de la película queda alguna una marca que se encuentre en esta tesitura y no esté diseñando ya ningún tipo de campaña de marketing de influencia o digital, tiene los días contados, se lo aseguramos. Pero, amigos, las estrategias tradicionales de la televisión tampoco se pueden simplemente trasvasar tal cual al mundo digital. Vamos a verlo.

De manera muy resumida podemos decir que para diseñar una estrategia digital en YouTube tenemos dos opciones. Una es trabajar con *influencers* para que posicionen nuestro producto o servicio y conseguir que el alcance de la campaña sea puramente orgánico. Otra es realizar una campaña a través de *adwords*. En nuestra opinión siempre es bueno trabajar con *influencers*, aunque eso no quiere decir, ni mucho menos, que «todo vale». También hay que saber distinguir entre una persona que tenga muchos seguidores y otra que realmente ejerza una influencia pura y dura y que consiga provocar algo en su público. Al relacionar una marca con un *influencer*, la empresa busca generar una interacción con el usuario. De nada sirve tener un millón de seguidores en Instagram, por ejemplo, si a ninguno de ellos le importa un comino lo que subas a esa red. En el denominado «marketing de influencia» lo que prima es la calidad de los seguidores sobre la cantidad, no les quepa duda de ello. Esta es una polémica cíclica dentro del sector, ya que existen ciertas prácticas y estrategias que en ningún caso cuentan con el beneplácito de ninguna red social que se precie de tal. Son tácticas mediante las cuales se puede «adquirir» un mayor número de seguidores. Estos seguidores son denominados habitualmente *ghost followers* (seguidores fantasma) y, si bien aumentan la cifra global de un creador, no aportan apenas interacción alguna. Así que si está leyendo esto y le gustaría dar el salto para realizar su primera campaña en el mundo digital, le recomendamos que acuda a expertos que le puedan asesorar a la hora de diseñar su estrategia óptima (¡Spam!).

Las famosas MCN (*networks*) de YouTube.
¿Qué son y que hacen?

Las Multi-Channel Networks o MCN, también conocidas simplemente como *networks*, son empresas que nacieron originariamente como agregadores de contenido reunido bajo un mismo paraguas y que trabajaban con plataformas de vídeo *online*, especialmente con YouTube. Esta «agregación» les permitía tener paquetes de contenido mucho mayores y ser más eficientes a la hora de vender el producto, generando unos ingresos mayores por UGC (*User Generated Content* o contenido generado por el usuario). Sin embargo, en la actualidad sus servicios van mucho más allá. Hoy en día las MCN están evolucionando hacia las Multi-Platform Networks o MPN (ya saben: renovarse o morir). Pero bueno, para no liarles más, nos vamos a quedar de momento con el acrónimo MCN, compañías especializadas en plataformas de vídeo digital, pero con una focalización muy especializada en YouTube.

Para trabajar con YouTube, todas y cada una de ellas tienen que obtener el «YouTube Certified», certificado que otorga la plataforma cuando las personas responsables de ciertos departamentos en las *networks* aprueban una serie de requisitos o tests establecidos por YouTube. Esta formación y capacitación se realiza *online* y en ella se hace gran hincapié en las *features* o características especiales que ofrece la plataforma y que ayudan a mejorar el desarrollo de audiencia y la *performance* de los canales.

Las MCN, como empresas gestoras de contenido en YouTube, almacenan un conglomerado de canales en sus CMS

(*Content Management System* o gestor de contenidos multi-canal), lo que les permite activar toda una retahíla de herramientas de gestión que normalmente no son accesibles para un canal de YouTube que opere de manera individual. Desde esos CMS se pueden activar en los vídeos políticas de monetización, bloqueo y seguimiento.

Además, las MCN cuentan con una potente herramienta de bloqueo de contenido robado, copiado, inapropiado, etc, conocida en el mundillo como *content ID*. Por medio de esta herramienta se puede comparar un archivo de referencia con los millones de vídeos que existen en YouTube y encontrar copias para su posterior bloqueo y/o monetización. La *content ID* es muy demandada y utilizada por productoras de cine y/o televisión y por discográficas, para identificar contenidos que han sido distribuidos en la plataforma sin autorización expresa de los propietarios de los derechos. Como comentamos en capítulos anteriores, ya desde su origen YouTube tuvo muchos problemas legales debido a contenidos robados, por lo que tuvo que desarrollar una herramienta tan potente como esta.

Algunos igual piensan que todo esto está muy bien, pero no terminan de ver qué es lo que las *networks*, MCN, MPN o como quieran llamarlas aportan en realidad a un creador, en especial si este es novel. Pues allá vamos. Por lo general, y hablando desde nuestra propia experiencia en una de las *networks* más importantes de Europa, creemos que hay MCN que desarrollan un muy buen trabajo en términos de crecimiento de audiencia, desarrollo de marca personal y de carrera *online* y a la hora de encontrar o crear nichos de comercialización. Estas MCN, como agregadores que son, permiten llevar a cabo proyectos mucho más ambiciosos que los que podría emprender un creador de manera individual. Pero claro, no todo el mundo está hecho para trabajar con una. En la actualidad hay que estudiar muy bien si de verdad necesitamos una MCN o somos capaces de gestionar el canal por nuestra cuenta. También debemos considerar si realmente nos va a aportar un valor añadido en algún momento.

Lo primero a recalcar es que hay que tener mucho cuidado con la MCN que vayamos a elegir. Es muy recomendable antes de firmar cualquier contrato —al menos siempre que sea posible— hablar con otros creadores y contrastar sus experiencias. También hemos de tener en cuenta la focalización de líneas de negocio verticales en las que la futura *network* tenga experiencia. Hay algunas que trabajan exclusivamente con *gamers* y que son muy fuertes en ese sector —muy lucrativo, por cierto—. Pero si nuestro canal está orientado a producir contenidos de moda quizá, por muy buena reputación que tenga la empresa en su segmento, no sea la mejor elección. Otro factor crucial a tener muy en cuenta es que nuestra *network* sea capaz de darnos soporte en nuestro propio idioma. No es tanto por una cuestión idiomática, como cultural. Además conviene que estén ubicadas en nuestra franja horaria para no tener desajustes de comunicación con ellas en caso de problemas. Es esencial, por otra parte, que la MCN sea siempre muy transparente en la información financiera que nos suministre y que nos dé acceso en todo momento a nuestro panel de retribuciones en YouTube Analytics. Por último, y lo más importante, que no nos obliguen a cambiar nada de nuestro contenido. Ahí empezaríamos a vender nuestra alma al diablo y a perder nuestra posible magia para generar éxito en YouTube (en caso de que la tengamos, claro está).

En líneas generales las MCN cubren ese espacio vacío existente en la relación YouTube-creador, actuando a modo de interlocutor entre ambas. Créannos cuando decimos que en muchas ocasiones va a hacer falta un intermediario hábil cuando llegue el momento de sentarse a hablar con YouTube, pues es tal la cantidad de creadores que suben contenidos a esta plataforma que, en la práctica, no puede dar soporte adecuado a todos. Es ahí donde el papel de las *networks* se convierte en crucial, pues en la mayoría de las ocasiones son ellas las que se encargan de solucionar cualquier problema que pueda surgir. Además de esto, desarrollan la audiencia e integran al creador en la comunidad de *youtubers*. De esta forma se conoce a otras personas con dedicaciones parecidas e incluso se puede llegar a colaborar con ellos en proyectos de todo tipo.

Otro de los servicios que pueden brindar las MCN es ofrecer soporte en la producción de nuestros vídeos, aunque no suele ser un recurso muy utilizado por los *youtubers*. A fin de cuentas, en gran medida el encanto de sus vídeos suele ser el formato casero de los mismos. No obstante, existen ejemplos de producciones de mayor profesionalidad, fruto de la colaboración entre la *network* y el *youtuber*, como es el caso de Maker Studios con PewDiePie y CutiePieMarzia, los cuales producen conjuntamente una serie de animación con sus «adorables» («odiosos» para otros) perritos como protagonistas. En este caso, el contenido generado muestra una producción de alta calidad y se sustenta en la participación de dos de los creadores más relevantes en el mercado angloparlante, por lo que las posibilidades de monetización aumentan, haciendo más fácil la recuperación de la inversión realizada y dando lugar a una *win-win situation* para todos.

A cambio de todos estos servicios recién mencionados la *network* obtiene un porcentaje, previamente pactado con el *youtuber*, de las ganancias mensuales de AdSense, la herramienta de Google que permite obtener ingresos mediante la inserciónn de anuncios en YouTube. Por este motivo debemos sopesar detenidamente y con antelación si las *networks* nos ofrecen un valor añadido o no antes de llegar a un acuerdo con ellas. Sin olvidarnos del hecho de que al trabajar con una MCN es muy probable que nuestra capacidad de monetización alcance un mayor potencial que compense con creces la retribución pactada para la misma y que por tanto haga realmente interesante iniciar una colaboración de este tipo.

En la actualidad un gran número de estas *networks* han conseguido crear su propia marca y establecer relaciones sólidas con una serie de compañías que invierten en los creadores con más talento de YouTube. De algún modo han sido las precursoras en apoyar todo el fenómeno *youtuber* y en darle visibilidad de cara a agencias y marcas, muchas de las cuales se están introduciendo en este nuevo contexto desde hace muy poco tiempo. Alguna de las que más destacan en esta actividad dentro de nuestras fronteras son Divimove, Tuiwok Estudios (Grupo Endemol) y Maker Studios.

En todo caso, la mayoría de las MCN no trabajan en solitario ni por su cuenta. YouTube es aún una carrera de fondo en muchos aspectos, incluido lo que a rentabilidad se refiere, y el número de *networks* que van siendo adquiridas por compañías de la industria del ocio de mayor tamaño o que cuentan con alguna de ellas como socio minoritario va creciendo paulatinamente. Volviendo a las tres anteriormente citadas, Divimove tiene una participación accionarial por parte de la productora de televisión Fremantle Media que supera el 51 por ciento del valor de mercado, mientras que Tuiwok nació de la mano de otra productora de contenidos televisivos, como es Endemol Beyond. En cuanto a Maker Studios, fue adquirida por Disney Studios por la friolera de 500 millones de dólares en 2014.

¿Cuál es el futuro de estas empresas? Algunos abogan porque se convertirán en grandes productoras (algunas ya lo son) y que cuando el retorno de la inversión sea mayor (aquí en España aún nos movemos en importes paupérrimos comparados con países como Estados Unidos, Alemania o Reino Unido) alcanzarán un nivel similar al de las actuales productoras de televisión de referencia o incluso lo superarán. Al menos esa es la apuesta. Ya veremos.

Sobreviviendo a la fama *offline*

Suponemos que muchos de ustedes habrán oído alguna vez la famosa frase *There's no business like showbusiness*. Pues eso. Los *youtubers* ya no viven únicamente de los ingresos que les genera su canal, sino que han expandido su capacidad de influencia y su marca más allá de la plataforma. Han conseguido posicionarse como auténticos líderes de opinión entre los más jóvenes y otros no tan jóvenes, pues recordemos que no solo de *millennials* vive YouTube, pero de esto ya hablaremos un poquito más adelante.

Muchos de ellos, sobre todo en los Estados Unidos, donde siempre nos sacan años de ventaja en estas cosas, han llegado a crear auténticos imperios digitales —y no tan digitales— bajo el paraguas de su proyección en YouTube. Otros se han animado a dar el salto al mundo analógico (lo decimos con cariño) y han escrito incluso libros, algunos de los cuales, aunque a estas alturas huelgue decirlo, han sido *best-sellers* en sus respectivos países. Veamos ahora algunos de los casos de éxito más notorio.

Michelle Phan es una de las gurús de belleza y estilo de vida más conocidas en Estados Unidos. Entre los éxitos de Phan cabe destacar el desarrollo de su propia línea de cosméticos junto a L'Oréal, la creación de su propia *network* con Endemol Beyond y su mayor éxito hasta la fecha, su propia empresa, Ipsy. El modelo de negocio de Ipsy no es en absoluto innovador, ni mucho menos, ya que básicamente consiste en un modelo de suscripción mensual gracias al cual, y a cambio de un precio fijo, se obtiene una caja llena de productos de mayor valía. Es obvio que esto ya estaba inventando desde tiempos inmemoriales, pero solo una persona con su capacidad de movilización podía conseguir que en la fecha de lanzamiento de su empresa la misma se valorara en unos 80 millones de dólares (en la actualidad ha subido hasta los 500 millones de dólares y Phan está en la lista de personas más influyentes del mundo, por debajo de treinta años, según la revista *Forbes*. Casi nada).

Hablemos ahora de PewDiePie, el indiscutible *number 1* de YouTube (otros prefieren llamarle «el puto amo», pero a nosotros no nos gusta ponernos soeces). Este sueco cuenta con el canal de YouTube con más suscripciones del mundo, más de 40 millones a la fecha de escribir estas líneas (febrero de 2016). Sin ningún género de duda, cuando se publique este libro la cifra se habrá quedado obsoleta, porque así es como funciona esto y así de deprisa va todo en YouTube. PewDiePie también cuenta con su propia *network*/MCN, en este caso de la mano de Maker Studios. En 2015 lanzó su propio juego de estética *vintage*, que se situó entre los más vendidos de ese mismo año. Además de estas credenciales, cabe destacar que este *youtuber* es uno de los más solidarios del panorama actual y pone asiduamente su influencia a disposición de numerosos eventos con fines benéficos. Ha llegado a recaudar la friolera de más de un millón de dólares para diversos proyectos solidarios (esto cuando tenía la mitad de seguidores que en la actualidad). Oye, pues no están tan mal estos *youtubers*, ¿no?

Pero basta ya de extranjeros y movámonos dentro del panorama patrio, porque aquí también existen casos de *youtubers* de éxito que han conseguido ir más allá de las pantallas multidispositivo y de la línea que separa lo *online* de lo *offline* (y que no es tan gruesa como algunos se creen).

Por un lado tenemos el caso de Yellow Mellow, la *vlogger* (vídeo-*blogger*) femenina con más suscripciones de nuestro país, que comenzó su andadura musical profesional en 2015 (en nuestra opinión con mucho estilo, por cierto). En octubre salía a la luz su primer single, *Phantom Limb*, que conseguía hacerse con el número 1 a nivel mundial en la categoría pop de Itunes, superando así a la omnipoderosa Lady Gaga, que también sacaba single ese día. Ah, y lo de Yellow Mellow era únicamente la preventa.

Por otro lado aquí también se han escrito libros que han sido superventas, aunque de ello creemos que probablemente ya serán conscientes, porque es muy posible que muchos de ustedes se hayan visto en la tesitura de adquirir algún ejemplar ante el insistente reclamo de sus hijos. Pueden estar tranquilos, que no han sido los únicos. De hecho, si consultan a las editoriales implicadas, estas les dirán que el total de publicaciones vendidas en España y Latinoamérica cuya autoría cabe atribuirse a algún *youtuber* hace tiempo que superó el medio millón de ejemplares y se acerca de manera vertiginosa al millón (antes de finalizar el año 2016, seguro). Así, elrubius, con el lanzamiento de *El libro troll* en mayo de 2014 (fue el primero editado a nivel mundial por un *youtuber*), puso patas arriba a la industria editorial, que llevaba años intentando conectar con el público más joven. Esa primera edición se agotó en cuarenta y ocho horas y durante las primeras semanas desde su publicación resultó prácticamente imposible encontrar un ejemplar a la venta. Fue necesario lanzar varias ediciones adicionales (en la actualidad va por la veinticinco), en algunos casos de manera casi semanal, para intentar abastecer a las librerías, incapaces de atender la demanda y que hacía años que no habían visto un fenómeno parecido y mucho menos entre el sector juvenil.

Y solo estamos hablando de España. El fenómeno despertó un interés general en los medios de comunicación, que se preguntaban por primera vez cosas como: «¿Quién es elrubius?» o «¿Qué es eso de *"youtuber"*?», y escribían titulares y artículos sobre el asunto en muchas ocasiones dando palos de ciego y en la mayoría de modo bastante poco afortunado (por decirlo de una manera educada). En suma, se escribió mucho desde el más absoluto desconocimiento del sector y con un nulo trabajo de investigación al respecto. Si hablásemos aquí de esos supuestos «expertos en YouTube» que suelen salir en la prensa no sabemos si soltaríamos lágrimas de pena o por hartarnos de reír.

Dejemos atrás el mundo de los libros, demos un pasito *p'alante* y contemos algunas anécdotas que hemos tenido la oportunidad de vivir en carne y hueso. Vámonos de gira con estos *rock stars*... Perdón: *youtubers*.

En abril de 2015 algunos de los más renombrados *youtubers* españoles y la coautora de este libro se embarcaron en un proyecto que podría haber tenido un gran éxito (como finalmente fue el caso) o haber provocado una grandísima desilusión. La idea no era otra que darse a conocer en vivo y en directo entre los fans argentinos que, sospechaban, estaban ávidos de conocer a sus ídolos del otro lado del charco. Bajo esa premisa cogieron un vuelo para asistir a un evento en el país de Messi y Maradona. Antes de seguir: por si alguien aún no se ha percatado, la mayoría de los creadores españoles cuentan con una legión fiel de seguidores en los países de habla hispana, los cuales en algún caso superan en número a los seguidores españoles.

Unos meses antes unos promotores argentinos les habían propuesto asistir a un evento que pretendía convertirse en el certamen de referencia dentro del ecosistema de creadores de vídeo *online* de habla hispana. Así que elrubius, Mangel, Yellow Mellow, Luzu, Lana y Zorman, entre otros, aceptaron la propuesta para conocer a esos fans enfervorecidos que, ruidosamente, a través de Twitter exclamaban: «Argentina los reclama». Pues bien, lo cierto es que, como sucede en numerosas ocasiones en la vida, la realidad superó con creces las mejores expectativas. Después de numerosas horas de vuelo aterrizaron en Ezeiza, el aeropuerto internacional de Buenos Aires, aturdidos por la larga duración del viaje y por la diferencia horaria, sin saber la que se les venía encima. Y la que se les vino encima fueron 1.500 personas que les estaban esperando desde hacía varias horas a la salida del aeropuerto. Pero fue «encima» literalmente. No estamos exagerando, y si no nos creen hay un buen montón de vídeos colgados en YouTube (¿dónde si no?) que así lo atestiguan. Hubo verdaderos momentos de pánico en los que los propios *youtubers* llegaron a temer por su seguridad e integridad física, puesto que lo sucedido no se lo esperaba nadie, ni siquiera la organización del evento, y por tanto no existían las medidas adecuadas para sofocar los amagos de avalanchas que llegaron a darse. Las fans llegaron incluso a tirar al suelo a «La Masa», un luchador de lucha libre muy popular en Argentina, cuya corpulencia no tiene nada que envidiar a la del mismísimo Vin Diesel. El resultado del incidente fue un músculo desgarrado que tuvo que ser sometido a una operación.

Ante la situación (*man down* incluido) hubo que improvisar una estrategia de escape para poder salir sanos y salvos de aquel embrollo en el que andaban metidos. Finalmente se consiguió introducir a los *youtubers* en un taxi para que pudieran salir de allí enteros. Una vez fuera del aeropuerto, donde estaban esperándoles las furgonetas que tenían que recogerles y que transportaban todas sus pertenencias, resultó que algunas fans avispadas que querían tocar a sus ídolos se percataron de la maniobra de engaño y siguieron persiguiendo a los dos vehículos, de manera incansable, hasta que se consiguió darles esquinazo al llegar a la autopista.

Ya en la furgoneta, cuando por fin todos estaban a salvo (coautora de este libro incluida), preguntaron a la organización cómo era posible que se hubiera podido generar este jaleo. A lo que los responsables respondieron que no recordaban algo así desde hacía años, ni siquiera con la llegada de *One Direction*, una de las *boy bands* más populares a nivel mundial. «Los argentinos somos pasionales», les decían mientras el grupo hacía recuento para comprobar que estaban todos (a ser posible de una pieza) y que no había habido otra «baja en combate» aparte del pobre Masa. La euforia se había desatado a lo largo de la capital argentina, los *youtubers* habían por fin arribado al país (como se dice por aquellos lares) y la juventud bonaerense no pensaba dejar pasar la oportunidad de conocerles.

Una vez llegados al hotel, centenares de personas se aglomeraban en la puerta todos los días anhelando sacarse un selfi con sus ídolos *youtubers* o simplemente llegar a tocarlos, aunque fuera tan solo por un instante. Algunos de ellos incluso acampaban en los jardines de la entrada. Nadie entendía lo que estaba pasando, nadie entendía quién era ese grupo de chicos. En los informativos y noticieros de las principales cadenas de televisión argentinas empezaron a hablar del asunto, que se convirtió en «la noticia del momento». Durante varios días la presencia de los *youtubers* fue objeto de debate en innumerables programas de televisión y hasta hubo conexiones en directo desde la puerta del hotel. En fin, aquello se convirtió en una completa locura.

Pero bueno, la verdad es que no era para menos, pues ese «grupo de jovencitos» españoles (desconocidos para la mayor parte de los adultos de su país), junto a otros *youtubers* de habla hispana, consiguieron llenar hasta la bandera La Rural, el espacio de ferias más importante de la región. Durante dos días más de 40.000 personas pudieron disfrutar de sus *youtubers* favoritos en el escenario, en paneles (mesas de opinión en las que los creadores comparten su visión con sus seguidores) o en los allí llamados *Meet&Greet* («encuentra y saluda»), que es una manera de poder conocerlos en privado. Hasta los medios de comunicación españoles (¡sorpresa!) se hicieron eco de este evento, cuando hasta la fecha la gran mayoría de ellos habían o bien ignorado o bien menospreciado el potencial de estos chavales Ya se sabe lo que se dice: que nadie es profeta en su tierra.

Y así es como surgió el Club Media Fest, que se ha convertido en el evento de referencia dentro del mundo de los *youtubers* de habla hispana. Fue tal el éxito de esta primera convocatoria que unos pocos meses después, concretamente en octubre, se celebró una segunda edición en el mismo recinto con unas cifras similares o superiores de asistencia. Y también se celebró la primera en Santiago de Chile. Para 2016 está prevista una extensa gira por varios países de Latinoamérica con el objetivo de acercar a estos ídolos juveniles a sus fans. Mientras tanto aquí, en nuestro país, seguiremos esperando el día en que algún promotor vea la luz y se anime a montar algo similar y no un evento casposo y sin gracia, al más puro estilo «cine de barrio», como ya ha ocurrido en más de una ocasión. Así podríamos seguir hasta completar un nuevo libro. Y nos lo estamos pensando, que conste.

CAPÍTULO 8

LOS CONTENIDOS DE YOUTUBE y EL FENÓMENO DE LOS VIDEOJUEGOS

Antes de comenzar este capítulo es obligado transmitir nuestro más sincero agradecimiento a Celopan. Se trata de un *youtuber* que cada vez está más en boga y que nos ha prestado su inestimable colaboración para escribir sobre el tema de este apartado. ¡Muchas gracias, Celopan!

Suponemos que a estas alturas ya ha quedado claro para la mayoría que los *millennials* prefieren pasar su tiempo libre en Internet, ya sea en YouTube o en cualquier otra red social, que quedarse plantados enfrente de la televisión. No les resulta interesante consumir algo que no está adaptado a lo que quieren y que no consideran relevante. Y esto no es una opinión, pues, como ya hemos explicado antes, son numerosos los estudios que demuestran que entre los *millennials* el consumo de horas de vídeo *online* supera claramente al de los medios convencionales.

¿Se acuerdan de esas madres con el libro *1.080 recetas de cocina* de Simone Ortega intentando hacer la cena de

Nochevieja? ¿Cómo en algunas ocasiones se les hacía difícil aclararse en el proceso? Madres del mundo entero, os queremos. Pues Internet ha conseguido convertir ese libro en algo visual. Nos explicamos: ¿qué es más sencillo, que te enseñen a hacer una reacción química en el laboratorio o que aprendas eso mismo leyéndolo en un libro, sin practicar? Creemos que la respuesta está clara. YouTube ha conseguido dinamizar el aprendizaje y convertir a cualquier persona del planeta en alguien capaz de «hacer cosas». Internet se ha convertido en la gran enciclopedia visual del planeta, en un gigantesco almacén de contenidos de diversa índole donde se puede encontrar de todo, tanto un tutorial de cómo hacer un peinado para una boda, como un *unboxing* del Mercadona. ¿Que qué es un *unboxing*? Consiste en grabar con la cámara lo que nos llega en un paquete a casa y enseñarlo. Si, sí. Como lo oyen. ¿Y eso genera interés en la audiencia? No saben cuánto. Se podría decir que es uno de los formatos más populares y que es cien por cien «YouTube original». Nadie sabe cuál es el origen del *unboxing* o quién fue el primer creador que subió un vídeo de este estilo, pero lo que sí sabemos es que a la mayor parte de nosotros nos encanta. En fin, les podemos asegurar que en la red pueden encontrar todo lo que busquen. Así que si alguien no aprende algo es porque no quiere o no puede, pero no porque no tenga las herramientas. Eso sí, es verdad que hay mucha distracción y ocio, que por otra parte es en lo que ocupamos el 70 por ciento del tiempo que invertimos en Internet, no nos engañemos. Y ahora centrémonos en YouTube, que al fin y al cabo es el tema de este libro.

Lo primero que hay que dejar claro es que YouTube ha conseguido «democratizar» el ecosistema del vídeo *online* y de la producción de contenidos. Hasta hace muy poco tiempo la inversión necesaria para estar *on the air* suponía por sí sola una barrera de entrada de tal magnitud que junto con los elevados costes de producción de los productos audiovisuales restringía el acceso a esta industria a unas pocas y muy poderosas corporaciones de gran tamaño. Todo eso ha cambiado radicalmente. No se trata solo de que con unos costes mínimos cualquier persona puede emitir *on the net*, sino que ahora los comunicadores, las personas que vemos en la pantalla y la historia que tienen para contarnos es bastante más importante que la propia calidad de producción y guion de ese vídeo.

YouTube se alimenta de diferentes categorías de contenido, cada una de ellas con sus propias microvariaciones internas. Las principales son entretenimiento, belleza y estilo de vida, videojuegos (o *gaming*), *how to & tech* y música, aunque en realidad podríamos decir que la categoría «entretenimiento» engloba al resto de subcategorías, ya que al fin y al cabo el propósito de todos estos vídeos siempre es el de entretener, de una manera u otra.

Antes de proseguir conviene aclarar, y destacar, un término muy utilizado en la actualidad: *vlogger* con «v». Aún no nos habíamos acostumbrado a los *bloggers* de la blogosfera —blogspot.com— y de repente aparecieron todos estos. Vaya por Dios. Los *vloggers* son videoblogueros, y sus videoblogs se consideran bitácoras de estos jóvenes y no tan jóvenes creadores que comparten en Internet. El videoblog encarna una gran variedad de contenidos, temáticas y formatos. Hay vídeos de opinión, tags (vídeos en los que se da información personal sobre la vida del *blogger*), *challenges* o retos (el *vlogger* en cuestión se desafía a sí mismo a hacer cosas que no haría en la vida real), vídeos de motivación, de preguntas y respuestas, *sketches*, parodias de situaciones de la vida cotidiana y un sinfín de cosas. Ya les hemos dicho unas cuantas veces que se puede encontrar de todo y el que avisa no es traidor.

En el segmento de «belleza y estilo de vida» hay vlogs sobre viajes a diferentes lugares del mundo, pero sobre todo tutoriales de maquillaje y peinados, recomendación de *outfits* para ocasiones especiales, *hauls* (formato en el que las *vloggers* de belleza/moda enseñan lo que han adquirido en una tarde de compras), recomendación de productos de maquillaje favoritos, rutinas de belleza para acostarse y levantarse... Así, de nuevo, podríamos seguir unos cuantos párrafos más. Cosa que no vamos a hacer porque nos interesa más hablar de otras categorías.

Escarbando un poco más en otros contenidos y formatos que nos ofrece YouTube nos encontramos con la música, la categoría que mayor número de reproducciones consigue cada año en la plataforma. A nosotros no nos gusta demasiado considerarla dentro del fenómeno YouTube como tal, ya que es normal que una canción se escuche millones de veces. Pero es cierto que YouTube ha supuesto un renacer del videoclip musical y le ha devuelto la importancia que tenía en los años noventa del pasado siglo, cuando existían formatos de programación específicamente enfocados a los mismos. Como curiosidad les comentaremos que, según datos de la propia YouTube, los vídeos musicales más reproducidos en el último año en España son canciones de reggaetón. Qué sorpresa, ¿verdad? ¿O no?

Los más *geeks* de la casa, los adictos a sacarle el máximo partido a su teléfono móvil, siempre pueden sumergirse en el mundo *how to & tech*. Aquí pueden encontrar todo tipo de trucos para su móvil y en general para cualquier *life hack* que haga que su vida tecnológica sea mucho más sencilla. El formato rey son las *reviews*, en las cuales la persona o el equipo de personas que se encargan de gestionar el canal hacen una revisión y análisis detallados de cualquier *gadget* o aparatito electrónico para que las personas de a pie, que dudan entre adquirir un tipo de dispositivo u otro, puedan acceder a la red y despejar sus dudas mediante estos «expertos» tecnológicos. En fin, que el que no se entera de algo es porque no quiere.

Y ahora, señoras y señores, llega el momento esperado por todos, el plato fuerte del capítulo, la gran revelación de la red en los últimos años... ¡Los videojuegos! Puede que a muchos les sorprenda (en verdad ya no tanto), pero la realidad indica que el contenido que más se consume en YouTube es el relacionado con los videojuegos, el *gameplay* o *let's play*. Lo cual no tiene nada de extraño si tenemos en cuenta que las consolas de nueva generación se han convertido en los principales centros de ocio que anidan en casi todas las casas. Para quien no lo sepa, la industria del videojuego es una de las que más ha crecido a nivel mundial en los últimos años, y para ella la expresión «gran recesión» es una absoluta desconocida. Tampoco les queremos engañar: nosotros no somos expertos en *gaming* ni mucho menos, pero sí estamos capacitados para darles algunas cifras y unas pequeñas aclaraciones sobre este sector y el fenómeno que se ha generado a su alrededor.

Es tal la popularidad de los videojuegos que incluso algunas compañías prácticamente prescinden de realizar publicidad alguna (y mucho menos pagando por ella). Durante el año 2014 se lanzó uno de los videojuegos más esperados por todo el entorno *gamer*, el GTA V, que prometía hacer las delicias de los jugadores y de los *youtubers*. Esta nueva versión del clásico les permitiría crear un contenido muy especial para sus canales de YouTube. Creado por la compañía Rockstar, tardó cinco años en terminarse y su desarrollo exigió una inversión de alrededor de 200 millones de euros, convirtiéndose en aquel momento en el juego más caro de la historia (el anterior de la saga, GTA IV, había costado menos de la mitad). A lo largo de todos esos años los rumores y promesas de lanzamiento fueron tantos que se consiguió crear un *hype* sideral alrededor del juego, de tal forma que en el momento de lanzarlo a Rockstar no le fue necesario recurrir a ningún tipo de canal de marketing (no se gastaron ni un euro, vamos). Pero no es solo que Rockstar no invirtiera ni un duro en publicidad, sino que ni siquiera tuvo la deferencia de mandarlo con antelación a las personas más populares e influyentes del sector para que lo probaran y creasen ambiente de compra. Pues bien, esos 200 millones de euros invertidos se recuperaron durante el primer fin de semana que estuvo a la venta. Todavía hoy sigue manteniendo el récord Guinness en cuanto a ventas de videojuegos, ya que recaudó 800 millones en las primeras 24 horas.

El fenómeno Minecraft

Pero si realmente existe un rey absoluto de los videojuegos en YouTube tenemos que hablar del inefable Minecraft... ¿Cómo? ¿El jueguecito ese de los mundos en ángulos rectos con una calidad de píxeles de los años ochenta del siglo pasado? Sí, de ese mismo, precisamente. De ese que en plena era de la alta definición tiene unos píxeles de un grosor que rozan lo grotesco, donde efectivamente todos los objetos son cuadrados y donde las gallinas parecen patos... ¿o era al revés? Pero si no estamos en los noventa, en la era de Mario Bros, si el píxel falleció de muerte natural con la llegada del siglo XXI, ¿por qué triunfa tanto este juego? Minecraft es un «pequeño mundo infinito» en el que se puede hacer literalmente de todo. Por ejemplo, si así lo desea uno, se puede construir una casa de tantas plantas como se quiera y con el diseño que más apetezca: un chalet de estilo neoclásico, una masía, una réplica de la casa de Brangelina... Y sin tener que hipotecarse. El personaje también puede tener la apariencia que uno desee a través de la personalización (*customize*) de la *skin* (piel) del jugador. Así que uno puede convertirse en el gato de *Alicia en el País de las Maravillas*, en Miley Cyrus, etc. Existe un sinfín de posibilidades. Y si no se encuentra el personaje deseado, siempre se puede crear la propia *skin*. Minecraft es una fuente inagotable de DIY (*Do It Yourself*).

It´s all about telling stories, dude («Todo consiste en contar historias, tío»). En general los juegos que ofrecen recursos de producción y de entretenimiento ilimitados son los que más se consumen en YouTube. Lo más frecuente es que si ya has visto cómo alguien ha pasado un juego hasta completarlo y por tanto te sabes la historia de principio a fin, es solo cuestión de tiempo que no quieras volver a ver a alguien jugar ese mismo juego. Además, al ser Minecraft un juego tan abierto, los usuarios buscan incesantemente nuevos trucos y atajos por parte de gente experta que tiene un mayor conocimiento de la mecánica del videojuego.

Luego también están los mods. ¿Qué es un mod? No, no es un miembro de la archifamosa tribu urbana británica que idolatraba a *The Who* en los años sesenta del siglo pasado. Es un parche o *hack* que se le instala al juego y nos permite hacer prácticamente cualquier cosa. De esta forma lo que puede llegar a ser un juego simplón para algunos se convierte como por arte de magia en otro más divertido y que da cancha para hacer vídeos muy entretenidos.

Vale, todo esto está muy bien, pero entonces: «¿Por qué mi hijo está todo el día viendo vídeos del Minecraft en vez de jugar él?». Una primera respuesta, de carácter casi intuitivo, sería establecer una comparación con los espectadores de un partido de fútbol (*in situ* o televisivos). La mayoría de ellos apenas le han dado una patada a un balón en su vida, más allá de sus tiempos colegiales. Sin embargo, disfrutan como niños (valga la redundancia) viendo a otros jugar. ¿Por qué? ¿Por qué disfrutan del juego y de la calidad de los veintidós profesionales que saltan al campo? La misma respuesta se puede dar a lo que sucede en YouTube, pero aplicado a los *gameplays*.

Yendo más allá del ejemplo futbolístico, y si nos paramos un momento a pensar, no es difícil comprender que el fenómeno Minecraft abarca mucho más. A su hijo probablemente le guste el juego y determinados *youtubers* lo utilizan como un medio para contar cosas. Porque no nos olvidemos: en los *gameplays* se cuentan historias. *Gameplay*, querido amigo, quédese con la palabra. Este formato tan incomprendido y tan odiado por la mayoría de las generaciones maduras es muy querido por nuestros adorados *millennials*. El *gameplay* es una pieza audiovisual que se produce a través de los propios videojuegos. La producción «técnica» es tan simple como jugar al propio videojuego, grabarlo con una capturadora (preferiblemente en HD, dados los tiempos en los que estamos) y darle al *play* y al *stop* a conveniencia. Ahí cada *youtuber* aplica su magia a través de la edición, pero en la mayoría de los casos suele ser muy rudimentaria. Más allá de la rústica producción, y si rascamos un poco la superficie, observaremos que en realidad todo es más complejo que grabar unas partidas jugando con otros *youtubers*. Siempre hay una intrahistoria, una continuidad de personajes, temporadas, episodios...

Eso sí: no es fácil mantener a la audiencia día tras día durante minutos y minutos sin que se aburra o empiece a perder interés. El éxito del *gameplay*, insistimos, no reside en su edición, sino en la historia que cuente y en el carisma de la persona que hay detrás. Algunos *youtubers* han llegado a crear series dentro de estos juegos, desarrollando sus propios personajes, con sus matices y personalidades, así como los guiones. Son series en las cuales el juego se limita a proporcionar la animación, el hilo conductor necesario para contar una historia.

Vamos a ofrecer una pequeña guía introductoria sobre este fenómeno sin entrar en excesivos detalles. Como ya hemos comentado, con el Minecraft puedes hacer prácticamente lo que quieras, solo hay algunos pequeños límites y objetivos para que los jugadores no se pierdan en ese universo. En la actualidad Minecraft está disponible para todas las plataformas de juego existentes: PC, Mac (que no destacan por tener muchos juegos disponibles), móviles iOS y Android, PlayStation 3 y 4, Xbox One y 360 y Wii. Resumiendo, en todas.

Ahora conozcamos a los principales personajes del juego, aunque probablemente ya tengan algo de *atrezzo* cuadriforme (ya saben que en este mundo todo es cuadrado y pixelado) del juego en su casa. Si tienen hijos, ya les habrán pedido que les compren algún muñeco, peluche o similar. En fin, por un lado tenemos a Steve, *main character* del videojuego. Otra es Alex, versión femenina de Steve, para que no se diga que Minecraft no está a favor de la igualdad de géneros (¡bravo!). Pues bien, en la imagen podemos ver cómo son Alex y Steve cuando accedemos al juego por primera vez. Ambos pueden ser modificados con una *skin*, como les comentábamos unos párrafos atrás.

Ahora conozcan al temible Creeper, el enemigo de todos, un ser que en cuanto se acerca demasiado a nuestro jugador lo hace explotar.

Además de estos tres personajes principales también hay esqueletos arqueros, zombis, gallinas, vacas, cerdos, *slimes* y otros *mobs* (criaturas controladas de manera automática por el juego, no por el jugador). Estos personajes no tienen una historia concreta, solo forman parte del «universo Minecraft». Cada usuario crea y construye su historia partiendo de un mundo que decide personalizar y explorar.

En Minecraft podemos elegir si queremos jugar en solitario o en modo multijugador, pero su encanto reside en lo último: participar en la comunidad del juego. Un jugador individual puede crear su propio mundo, su propia casa e ir en busca de *creepers* para asesinar... o jugar en un servidor con otra gente. Esto último hace que el juego resulte mucho más divertido. ¿Por qué? El modo comunitario te permite acceder a diferentes modalidades de juego como: *Los juegos del hambre* (sí, como la película), *Skywars, TNT Run, The Walls, The Bridges, Pixel Painter* y así cientos y cientos. Nosotros nos vamos a conformar con explicarles en qué consisten las más populares. En *Los juegos del hambre* se enfrentan veinticuatro jugadores diferentes entre sí en plan todos contra todos y solo puede quedar uno (que será el ganador, obviamente). En *Skywars*, del mismo modo, solo uno puede quedar vivo, y la mecánica consiste en derrotar al resto de jugadores, que están separados en islas, aprovechando una serie de armas y recursos que se encuentran dentro de cofres en cualquier parte. *TNT Run*, como su propio nombre nos deja adivinar, nos obliga a correr de lado a lado sin caer en la lava mientras el suelo sobre el que corremos se va desintegrando. Participan normalmente unos dieciocho jugadores.

Sigamos analizando el éxito de este juego. Según Celopan (¡gracias de nuevo!), *youtuber* y experto en series de

Minecraft, su éxito radica en la total y absoluta carencia de normas (¿les suena de algo este rasgo de los *millennial?*) y en que la mayor parte del juego puede ser modificada. «Puedes desde construirte una casa o matar a otros jugadores, a domesticar un perro o tirarte por un acantilado», afirma. Aunque a primera vista nos parezca lo contrario, el juego es bastante simple, pero, al tener tantas opciones y modalidades, lo que se hace de veras complejo es llegar a conocer todo lo que se puede hacer. Es intuitivo y ha conseguido formar una de las mayores comunidades *online* de juego. Pero hay más: «Se utiliza en muchos casos como herramienta didáctica en escuelas para niños». Celopan augura que Minecraft nos acompañará durante muchos años. Nosotros también lo creemos, ya que se renueva de manera constante y existen actualizaciones anuales. Como ya les hemos comentado varias veces, en este mundillo hay que renovarse o morir. Si no sabes actualizar y adaptar tu producto a la demanda de los usuarios, estos se aburren, pero ya.

Sorprende que este juego, de apariencia simple a primera vista, consiga atraer tanta atención. Esto nos recuerda que lo importante es la creatividad, que no hace falta que los gráficos sean de última generación, sino que el juego divierta y genere una buena historia. De hecho, hay muchos juegos que desde el punto de vista gráfico son buenísimos, pero no consiguen atraer ni enganchar como lo hace este. Así que no se preocupen: sus hijos no están locos; únicamente disfrutan con el juego y exploran todas las posibilidades que habitan en él.

Minecraft es el juego sobre el que más contenido se ha subido a YouTube. Y se sigue subiendo. En mayo de 2015, según un estudio realizado por Newzoo, Minecraft era el líder absoluto de los *gameplays*, con una estimación de 4.100 millones de reproducciones de vídeos, ya sea en formato series o partidas individuales. A mucha distancia le siguen el GTA V y *Five Nights at Freddy*, con aproximadamente un tercio de las reproducciones de Minecraft.

La compañía desarrolladora del videojuego, Mojang, fue adquirida el 15 de septiembre de 2014 por Microsoft por un importe de 2.500 millones de dólares. Minecraft ha sido uno de los mayores fenómenos en YouTube. Todavía se sigue subiendo contenido relacionado y sigue teniendo el mismo éxito o más que hace unos años. El juego ha conseguido incluso crear su propia convención, el Minecon, que se celebra de manera anual en diferentes localizaciones del mundo. La edición de 2015 tuvo lugar en Londres y consiguió atraer a más de 10.000 seguidores de este juego, que a este paso pronto se convertirá en religión (porque «secta» ya lo consideramos). Pero esperen: ¿Diez mil personas no es más o menos el aforo de un concierto de Madonna en España, como ocurrió en el último, el del Palau Sant Jordi de Barcelona del 24 de noviembre de 2015, cuando la capacidad del pabellón es de aproximadamente 20.000 personas?

¿Hay un motivo concreto por el que los videojuegos o el contenido relacionado con ellos triunfa de esta manera en la red? Digamos que el auge de los videojuegos es una tendencia general entre las nuevas generaciones y un negocio en auge que genera millones y millones de beneficio. No está mal, cuando la gran mayoría de los sectores de la economía pelean por salir adelante en estos tiempos. En

YouTube el *gameplay* consigue generar un mayor nivel de suscripción a los canales con este tipo de contenido, ya que son más «sencillos», *a priori*, de producir que un *sketch*, por ponerles algún ejemplo concreto. Esto beneficia el posicionamiento de dicho canal, ya que YouTube posiciona en función de la pieza de contenido que se sube y de otros factores también muy relevantes, como el *watch time* (tiempo neto o cantidad de minutos que el usuario pasa frente a un canal). A modo ilustrativo, a un canal de comedia y *sketches* se le hace difícil sacar adelante una producción semanal de más de diez minutos, y tiene que competir con vídeos diarios de media hora o más de un canal de videojuegos. Si ambos contaran con la misma retención de audiencia, pongamos un 50 por ciento, los minutos netos del canal de comedia semanales serían 5, mientras que el canal de videojuegos tendría 105. Hay mucha diferencia, ¿verdad?.

Es por ello que, cuando se habla en los medios de *youtubers*, siempre se fijan en los canales de mayor suscripción y siempre hallan contenido relacionado con los videojuegos, cuando en YouTube, y como ya les hemos explicado, hay mucho más.

EPÍLOGO

QUÉ HACER SI NUESTRO HIJO QUIERE SER *YOUTUBER*

Nada.

No, no han leído mal... No hagan nada. Y si no ha quedado claro, emulando a aquel famoso torero se lo podemos decir en dos palabras: na-da.

No lo decimos por decir, sino porque verdaderamente creemos que lo mejor que se puede hacer es nada. O mejor dicho, hacer lo mismo que haríamos con cualquier propuesta «profesional» que nos puedan hacer nuestros hijos cuando son tan solo unos tiernos infantes: sonreír y decirles que por supuesto, que de mayores hagan lo que les guste y apetezca, pero que mientras tanto estudien mucho, pues cuanto más estudien en mejores condiciones estarán para afrontar de mayores cualquier reto. Ante todo naturalidad, la cual no está reñida, por cierto, con la supervisión, ¿no creen?

Lo que queremos decir es que hay que invertir la carga de la «culpa» (por decirlo de alguna manera). No es a nuestros hijos a los que les resulta un tanto exótico y extravagante eso de ser *youtuber*, sino a nosotros. Para nuestros hijos, querer ser *youtuber* es tan natural como querer ser futbolista, actor o actriz, cantante, músico o cualquier otra profesión del espectáculo. O incluso más que algunas de las que se han considerado tradicionalmente como tales, por ejemplo, torero. Nos apostamos lo que quieran a que si le preguntan a sus hijos si quieren ser toreros les van a mirar con cara de estupefacción, por decirlo de una manera fina (además, reconozcamos que, puestos a elegir, la mayoría de nosotros preferiremos que sean *youtubers* a toreros, aunque solo sea por el simple hecho de que estos se juegan la vida cada vez que se plantan en un coso, y los *youtubers* no).

¿Acaso no es cierto que en algún momento de nuestra infancia una gran mayoría de nosotros dijimos que de mayores queríamos ser futbolistas? ¿Y cuántos de nosotros nos hemos convertido en tales? Pues eso. Ya advertimos al principio de este libro de que en él no iban a encontrar moralinas o falsas recomendaciones sobre lo que está bien o está mal. Para eso ya existen otros muchos libros escritos por pedagogos o pseudopedagogos.

Ahora bien, si dejamos de pre-ocuparnos (o sea, de ocuparnos por anticipado) sobre si nuestros vástagos quieren ser *youtubers* o vaya usted a saber qué, igual podemos adentrarnos en otro aspecto más divertido de la cuestión. Si quieren estar preparados para reconocer si su hijo se está convirtiendo en *youtuber* en ciernes, estén atentos a las siguientes señales de peligro:

1. Se escuchan gritos en la habitación de su vástago (especialmente a horas intempestivas de la noche). No se preocupe, no pasa nada. Su hijo no está practicando ningún ritual satánico, no está siendo abducido por ningún alienígena ni se está iniciando en oscuras prácticas de reproducción animal también conocidas como *bondage*. No, nada de eso. Es el indicio número uno de que algo anda mal, de que tiene usted un *youtuber amateur* en casa. Y si encima su habitación tiene pestillo, entonces sí que está usted completamente perdido. Si se dan esas circunstancias, no intente ponerse a grito pelado para que le escuchen, pues a buen seguro que la criatura no oirá ni mu, ya que andará con unos auriculares del tamaño de un protege-orejas invernal, como si se tratara de dos pelotas de tenis mimetizadas en la cabeza de su descendiente (sí, sí, no se esconda usted, que «eso» lleva su ADN). Piense mejor en sus vecinos y tenga un poco de consideración con ellos, que bastante hartitos de su nene o nena estarán.

2. Cada dos meses los auriculares con micrófono terminan estropeados y ha de comprar usted unos nuevos a la criatura. Al hilo de lo anterior, este es un fenómeno paranormal que guarda una fuerte correlación con el tema *youtuber*. Por algún extraño motivo, los auriculares con micrófono de un proyecto de *youtuber* no suelen durar de media más de dos meses. Las causas se desconocen y es uno de los grandes misterios de la era digital. Algunos estudiosos del asunto sospechan que son saboteados por los propios usuarios (sí, su hijo),

mientras otros sostienen la tesis de que son objeto de culto y colección y que en cuanto un *youtuber* de éxito cambia de auriculares (lo cual, curiosamente, sucede más o menos cada dos meses), sus legiones de seguidores corren a las tiendas a proveerse de unos exactamente iguales.

3. Su Internet ha vuelto a principios de siglo y va «a pedales». Esto suele ir acompañado de reiteradas quejas de su hijo sobre por qué se conecta usted tanto a Internet o si no se puede desconectar usted ya de una vez «porque tiene que subir algo a Internet». En los momentos de mayor fricción es posible que usted recurra a frases tan consabidas como «¿Pero en esta casa quién paga el Internet, tú o yo?» o «¿Tú te crees que esto es un hotel?». Bueno, si le sirve de desahogo, pues vale. Pero vamos, no le va a valer de nada. Los aprendices de *youtuber* son completamente impermeables a este tipo de argumentos. Es más, probablemente le acusarán a usted de tacaño por no tener instalada una conexión de mayor capacidad. Y lo dirán pese a que puede que usted haya contratado recientemente algún «paquetón» con fibra óptica de esos que andan tan en boga últimamente.

4. Le pregunta si le puede dar la paga semanal por Paypal. ¿Cómo? ¿Que no sabe lo que es Paypal? Pues mire, casi mejor que lo dejamos correr, entonces. No se preocupe, no se lo vamos a contar a nadie.

5. Su hijo empieza a utilizar una vestimenta tres tallas mayor que la que le correspondería. Igual todavía no sabe que quiere ser *youtuber*, pero ese es un primer paso. Ir a comprar ropa con él se convertirá en una tortura (si no lo era ya antes). Le achacará que le lleva a tiendas donde no encuentra «nada que ponerse» y discutirá constantemente con usted. Un día se dará por vencido y con ayuda del Google Maps le llevará a una tienda de un barrio del extrarradio que usted creerá que es de deportes, pero que resultará que tiene todas las marcas de moda en los Estados Unidos, así como unos tallajes completamente inconcebibles para una mentalidad europea.

6. Su hijo empieza a hablar en una jerga completamente inescrutable para usted, llena de «guadefac», «madafaca», «omaigot», «lol» y similares. Esta eventualidad suele tener lugar en paralelo a la anterior, y es otra señal muy peligrosa. Suele indicar que está siendo abducido por el lenguaje de YouTube y que las posibilidades de que acabe cayendo en sus redes aumentan casi de manera exponencial día tras día.

7. Le da contestaciones tipo «Eres tan 2015». Este tipo de respuestas suelen ser muy habituales, sobre todo cuando usted intenta preguntarle a su hijo qué significa lo de «guadefac», «madafaca», «omaigot», «lol» y similares.

8. Su hijo se ha visto todas las series de éxito, incluso antes de que se hayan emitido oficialmente en su país

(si es que se llegan a emitir). Bueno, mejor no vamos a dar más detalle sobre esto.

9. El nivel de inglés del chiquitín o chiquitina mejora a pasos agigantados. Bueno, no todo iban a ser dolores de cabeza, ¿no?

10. Le pregunta si es verdad que antes solo existían teléfonos móviles con teclas y pantallas en blanco y negro o solo es una historia inventada sin fundamento alguno, como la de que no existen los políticos corruptos. Sí, sí, ríase, pero ya verá.

A lo largo de estas páginas hemos intentado desentrañar qué es lo que ha pasado para que estos chavales consigan movilizar a tan ingente número de seguidores, tanto a nivel *online* como *offline*, cómo ha sido posible que hayan conseguido sacar adelante sus ideas sin apoyarse en modo alguno en los medios de comunicación. Un fenómeno que ha supuesto una completa revolución en cuanto a la forma en que cualquier persona, desde la nada, puede alcanzar una proyección pública de *celebrity* simplemente interactuando con la gente sin intermediarios, a través de un trato de persona a persona.

Todos estos chicos y chicas son reales, son como ustedes y como nosotros. Como todos. Son de carne y hueso y lo que les diferencia del resto de los artistas tradicionales es que transmiten autenticidad. En nuestro interior, prácticamente todos tenemos siempre la percepción de que en realidad nunca sabemos cómo es tal actor, cantante o escritor en la vida real. Probablemente les guste hacer lo mismo que a usted, pero no lo muestran, no lo transmiten de manera pública. YouTube, sin embargo, muestra la personalidad de sus creadores sin tapujos, sin filtros ni censuras. Enseña las cosas tal y como son o, al menos, como sus creadores, sin intermediario alguno, las quieren transmitir. Por ello irradian autenticidad. Demuestran cómo, al fin y al cabo, todos somos seres humanos. Nunca han buscado la fama. Muchos de ellos todavía no asimilan lo que está pasando y les cuesta enfrentarse a ello. Son únicamente personas que se expresan mediante vídeos para poder comunicarse con el mundo exterior, compartir lo que les gusta. Porque, señores, no olvidemos que esa es la clave de Internet y la razón por la que fue creado: para compartir. Los *youtubers* son ciertamente unos «héroes del pueblo», nuestros iguales que por azares de la vida han alcanzado el estrellato, pero que en el fondo no se diferencian gran cosa de nosotros. Disfrutamos de su éxito como si fuese nuestro, porque en el fondo, en nuestro fuero interno, pensamos: «Podría haber sido yo».

Pero hay más lecturas para este fenómeno. Esta explosión de talento en la red también ha sido fruto de la búsqueda de estos jóvenes dentro de la situación que viven en este país, donde en general se menosprecia lo que la juventud puede aportar, donde la falta de ideas y de innovación nos tiene anclados en «lo de toda la vida», donde en la sociedad, con sus políticos a la cabeza, priman los usos y costumbres «de lo tradicional» (que es «lo que funciona», válganos Dios) y el no saber ver más allá de «lo malo conocido». Una sociedad donde obtener un contrato-basura de tres meses se considera un privilegio.

Estos chicos no le deben nada a nadie. Todos se han hecho a sí mismos. No han necesitado a ninguna persona que les lanzara a la parrilla, no han utilizado ningún enchufe ni han vendido su alma a ninguna gran corporación multinacional. Lo único que han necesitado han sido sus propias ideas, una cámara de vídeo y una conexión a Internet. No necesitan de los medios de comunicación, los cuales en numerosas ocasiones, y más por ignorancia que por mala intención (aunque no siempre, que si no fuésemos españoles no seríamos envidiosos), son incapaces de mantener un ápice de objetividad y curiosidad con respecto a este fenómeno y se limitan a hacer periodismo *low-cost* de cotilleos. Eso si no es que directamente lo desdeñan desde un pseudoelitismo autoinferido gracias a premios de apellidos compuestos, con actitudes del tipo «soy engreído porque lo valgo», arquetipo del *Homo ibericus*, para el cual todo lo que no entiende es que no merece la pena y que inventen otros, que ya tiene uno bastante con ir por la vida pavoneándose de estar encantado de haberse conocido y de ser un hombre decimonónico de los que ya no quedan. Y es que hay algunos periodistas que, tras años y años anhelando pertenecer al *establishment* (a ellos les gusta más autodenominarse «intelligentsia», pero la verdad es que no dan para tanto) de los medios de comunicación, no soportan que justo cuando han conseguido llegar a ese olimpo hayan dejado de ser los portavoces oficiales de la «opinión pública» (cuando en realidad nunca fueron más que los voceros de la «opinión publicada»). Una opinión que ha quedado en manos de los «okupas *vloggers* esos y otros de su ralea». Estos periodistas se refugian tras su máquina de escribir (nada de ordenadores, que para eso son decimonónicos) mientras de fondo suena el corte número tres de la cara A del vinilo de Radio Futura titulado *De un país en llamas* y piensan para sus adentros qué es lo que han hecho ellos para merecer esto. En fin, ya nos lo advirtió Antonio Machado (no somos tan afrancesados como para recurrir a Balzac): «Castilla miserable, ayer dominadora, envuelta en sus harapos desprecia cuanto ignora».

Pero volvamos a lo nuestro y dejémonos de diatribas. Los *youtubers* son su mejor canal de comunicación, sin filtros y con la palabra y la creatividad por bandera. Gracias a esa capacidad para *transmitir* reciben millones de mensajes diarios de personas que les agradecen «haberles sacado una sonrisa» con sus vídeos. Y ya está, no hay mucho más. Tienen la capacidad de hacer feliz a la gente, privilegio del que no muchos gozan.

Pero por si aún hay alguno que no lo ha entendido o no lo ha querido entender, permítannos que les pongamos el siguiente ejemplo. El *boom* del fenómeno de los *youtubers* guarda muchas similitudes con el que se produjo en la música pop y rock a mediados de los años sesenta del siglo pasado. En su inicio la mayor parte de aquellas bandas de música fueron repudiadas por la mayor parte del mundo adulto de la época, que no terminaba de entender esa música ni el porqué de su éxito. Menos «bonitos», les llamaron de todo, empezando por los Beatles, que tan buenos chicos e inofensivos nos parecen ahora. Sin embargo, no creemos que haga falta explicar aquí cuál ha sido su legado. Gran parte de lo que somos como sociedad hoy en día, con sus pros y sus contras, tuvo su origen en lo sucedido en los años sesenta, con la música como su principal estandarte. Así que no se preocupen: es normal que no acaben de entender esos vídeos ni terminen de encontrarles la gracia, pues la verdad es que no están hechos para ustedes, al igual que en su día a ustedes tampoco les gustaban las mismas cosas que a sus padres. Basta con que las respeten y no intenten inmiscuirse, pues ya se sabe que cuanto más se le prohíba a un adolescente algo, más ganas tendrá de probarlo. Los tiempos están cambiando, como decía Bob Dylan.

Y sí, habrá que amoldarse a ellos, porque en los próximos años, tal y como ya les hemos contado, vamos a experimentar todavía muchos más cambios dentro de la era digital. Y habrá que adaptarse o morir en el intento, pues ya se sabe: solo los locos son capaces de cambiar el mundo. Y estos locos de *youtubers* han venido para quedarse, que no les quepa duda.

Y colorín colorado, este libro se ha acabado...

ANEXO
LA JERGA DE YOUTUBE (todo lo que necesita saber para comunicarse con un *millennial*)

Anime: Género que hace referencia a la animación japonesa, con un estilo de dibujo muy característico por sus ojos grandes y pelos de colores chillones.

Bae: Simplificación de *baby*. Se utiliza para dar una connotación cariñosa a las conversaciones con nuestros amigos y/o pareja.

Banear: Del inglés *to ban*, significa «expulsar». Generalmente referido a la expulsión de un usuario en un foro o en un juego *online*.

BFF: Acrónimo de *Best Friend Forever*, «mejores amigos para siempre».

Booktuber: *Youtuber* que se dedica a hacer *review* de libros y/u obras literarias.

Bot: Apócope de «robot». Se utiliza para señalar a los usuarios de Internet que no son personas reales y que están programados para hablar automáticamente. También se utiliza para designar la compra de visualizaciones y suscriptores en un canal de YouTube.

Bug: Error. El anglicismo se utiliza para referirse a algún fallo en algún *software* o juego.

Chatroulette: Sitio web que permite hacer videoconferencias con cualquier persona aleatoria del mundo. El uso de esta plataforma fue muy popular en YouTube hace unos años.

Cosplay: Contracción de *costume play*, «juego de disfraces». Consiste en usar disfraces y accesorios para representar a un personaje relacionado con un videojuego, manga, cómic o anime.

Daily/Daily vlog: Vídeos que se suben a diario o canales que suben un vídeo al día, retratando la vida y aventuras del *youtuber*. *Daily* es el formato y *daily vlogger* es como se conoce al creador en cuestión. Por ejemplo, MeloMore o Casey Neistat.

Emoji: Emoticono. Son esos pequeños dibujos que ayudan a reflejar nuestro estado de ánimo cuando escribimos en dispositivos móviles o tabletas.

Fail: Fallo, fallar. Se utiliza este anglicismo cuando alguien intenta hacer algo sin mucho éxito.

Fan fiction: Relatos escritos por los fans, en los que convierten a sus ídolos en protagonistas. Suelen tener una temática un poco picante.

Fanart: Del inglés «arte del fan». Son los dibujos que los grupos de fans dedican a sus ídolos. Muchos de ellos invierten largas horas y crean verdaderas piezas de arte.

Fanboy: Persona que es demasiado fan de su ídolo y lo defiende a capa y espada, incluso cuando este se equivoca.

Fandom: Grupos de fans que crean comunidades *online* para dar apoyo a sus ídolos.

Freak: En español, más conocido como «friki». Se refiere a personas raras o que siguen de manera incondicional algún género que no está popularizado dentro de la corriente *mainstream*. Hace unos años este término se utilizaba de manera despectiva, pero en la actualidad tiende a ser cada vez más cariñoso.

FTW: Acrónimo de *For The Win*, «para la victoria». Se usa en modo genérico cuando existe un debate en Internet y quieres mostrar tu apoyo a una causa.

Gamer: Persona que alberga una gran pasión por los videojuegos. También el jugador profesional de videojuegos.

Geek: Persona con gran interés en la tecnología y que está a la última en el uso de *gadgets* (aparatos de última tecnología).

Hack: Conocimiento o truco que sirve en Internet para invadir páginas y/o robar y suplantar identidades de otros usuarios.

Hacker: Persona que hace uso de los *hacks*.

Hater: Del inglés *hate* («odio»). Se conoce así a la persona que odia todo lo que ve. Su envidia suele proceder del éxito de otros. En Internet es muy normal encontrar este tipo de perfiles que atacan a personas con influencia en la red escudándose bajo el anonimato que dan las redes sociales.

Hype: Estado de excitación y nerviosismo ante un futuro evento anunciado en Internet. Por ejemplo un concierto, el estreno de una película o el lanzamiento de un álbum musical.

IDC: Acrónimo de *I Don't Care*, «no me importa». Se utiliza mucho en redes como Twitter.

JK: Acrónimo de *Just Kidding*, «estaba bromeando».

Kawaii: Adjetivo japonés que se traduce como «bonito» o «tierno». Se usa mucho en la cultura popular de Internet.

Lag: Un tipo de fallo que ocurre en los juegos *online* cuando no tenemos buena conexión a Internet y la imagen se queda pillada.

Livestream: Transmisión en directo de un evento.

LMFAO: Acrónimo de *Laughing My Fucking Ass Off*, parecido a LOL, pero cuando algo te hace mucha más gracia.

LOL: Acrónimo de *Laughing Out Loud*. Se usa cuando algo nos hace mucha gracia.

LP: Acrónimo de *Let's Play*. Se utiliza para designar el formato de vídeos de YouTube en el que se comenta la partida de un videojuego.

Meme: Broma viral en forma de imagen o vídeo.

Niño rata: Similar a Fanboy. Se utiliza para designar a chicos de corta edad, entre ocho y diez años, que dedican mucho tiempo a consumir *gameplays* en YouTube o a jugar a Minecraft. Es un término un poco complejo.

Noob: Persona que se inicia en un juego nuevo, sin tener mucha idea, y no consigue hacerse a ello. Similar a «novato».

OMG: Acrónimo de *Oh, My God*. Sirve para expresar un estado de asombro o sorpresa.

Postureo: Define una actitud que consiste en relatar o comunicar algo de la manera en la que la gente lo quiere oír o ver, y no en la que realmente está ocurriendo. Se hace para quedar bien o aparentar ante los usuarios.

Q&A: Acrónimo de *Questions &Answers*, un tipo de formato de vídeo de YouTube en el que el creador responde las preguntas que sus seguidores le formulan. Es una manera muy interesante de interaccionar con la audiencia.

Rewind: YouTube Rewind es el formato en el que la plataforma analiza todas las tendencias y acontecimientos virales del año. El Rewind de 2015 fue el primero en el que salió un creador español, elrubius.

Salseo: Estado generado ante situaciones conflictivas.

Senpai: Término japonés que designa a un amigo especial o a la persona que nos gusta. Si oyen a su hijo decir *Notice me, senpai*, no se preocupen, es algo muy popular; un llamamiento para que la persona que nos gusta nos haga caso.

Ship o Shipping: Acto de asociar de manera sentimental a dos personas. El *shippeo* suele ser un deseo de asociación de dos personas que son muy amigas (lo que se puede conocer como un «bromance»).

Spoiler: Dar a conocer algún hecho relevante de lo que va a pasar en una serie y/o película antes de verla. Por ejemplo, que te cuenten que el psicólogo de *El sexto sentido* está muerto antes de ver la peli... Ups...

Stalker: Acosador.

Swag: Palabra que se emplea para indicar que alguien tiene estilo o rollo al vestir. Hace referencia por lo general a la moda urbana.

Tag: Formato de vídeo en YouTube que revela información personal de cada *youtuber*. Por ejemplo, tag de mi hermano, tag de mi novia...

TGIF: Acrónimo de *Thanks, God. It's Friday*, «Gracias a Dios que es viernes».

Thug Life: Meme que se utiliza para hacer bromas cuando alguien va de sobrado o de malote.

Trol: Persona molesta en Internet.

Trolear: Acción típica de un trol en la red, cuyo objetivo es provocar, molestar o buscar jaleo con los demás usuarios.

Unboxing: Arte de desempaquetar delante de la cámara lo que llega en una caja. Es un formato de vídeo que se ha hecho muy popular gracias a YouTube.

Vlogger: Abreviatura de *videoblogger*. Persona que relata historias o crea contenido en formato de vídeo. No confundir con *blogger*, de la blogosfera de blogspot, tendencia muy popular hace unos años.

Vlogging: Acto de *vloggear*, lo que hace el *vlogger*.

Wattpad: Plataforma *online* que permite subir microcuentos. Es la cuna de los Fan Fiction.

WTF: *What The Fuck*, «¡¿Qué coño?!». Se usa para mostrar asombro.

xD: Emoji que, si lo giramos cuarenta y cinco grados a la derecha, muestra un rostro que se está riendo mucho. Este emoji es uno de los más populares de la red, pero hay muchos más. Prueben a girar :) y se encontrarán una sonrisa más discreta; giren :(y se encontrarán una cara triste; giren :D y se encontrarán una gran sonrisa.

```
       :-{}   :'(    :-#   8-)
       :-)    :-(    :-/   :-0
       :)     :(     :*)   :-0
       !-)    :-x    ;-)
       :'-(   :-D    ;)    @}->--
```

Como ven, hay muchos donde elegir ;)

YO: Anglicismo que se utiliza, irónicamente, para decir «tú».

ZZZ: Onomatopeya para indicar que un hecho o situación produce sueño o aburrimiento. Pretende reproducir el sonido de un ronquido.